Die Zwangsvollstreckung in Internet-Domains unter besonderer Berücksichtigung des Kennzeichenrechts

Europäische Hochschulschriften
Publications Universitaires Européennes
European University Studies

Reihe II
Rechtswissenschaft

Série II Series II
Droit
Law

Bd./Vol. 4254

PETER LANG
Frankfurt am Main · Berlin · Bern · Bruxelles · New York · Oxford · Wien

Markus Brock

Die Zwangsvollstreckung in Internet-Domains unter besonderer Berücksichtigung des Kennzeichenrechts

PETER LANG
Europäischer Verlag der Wissenschaften

Bibliografische Information Der Deutschen Bibliothek
Die Deutsche Bibliothek verzeichnet diese Publikation in der Deutschen Nationalbibliografie; detaillierte bibliografische Daten sind im Internet über <http://dnb.ddb.de> abrufbar.

Zugl.: Bochum, Univ., Diss., 2005

D 294
ISSN 0531-7312
ISBN 3-631-54395-6

www.peterlang.de

Meinen Eltern

&

Karolina

VORWORT

Die vorliegende Arbeit ist im Wintersemester 2004/05 von der Juristischen Fakultät der Ruhr-Universität Bochum als Dissertation angenommen worden. Sie entstand unter der Betreuung von Prof. Dr. Klaus Schreiber, bei dem ich mich an dieser Stelle für seine vielseitige Unterstützung herzlich bedanke. Ferner danke ich Prof. Dr. Peter A. Windel, der das Korreferat übernommen hat. Dem Allgemeinen Promotionskolleg der Ruhr-Universität Bochum, welches mich bei meinem Vorhaben mit einem Stipendium unterstützt hat, möchte ich ebenfalls meinen Dank aussprechen.

Bochum, im Juni 2005 Markus Brock

INHALTSVERZEICHNIS

LITERATURVERZEICHNIS

Baumbach, Adolf/ Hefermehl, Wolfgang — Warenzeichenrecht und Internationales Wettbewerbs- und Zeichenrecht, Warenzeichengesetz, Pariser Verbandsübereinkunft, Madrider Herkunftsabkommen, Madrider Markenabkommen, Nizzaer Klassifikationsabkommen, zweiseitige Abkommen,
12. Auflage, München 1985

dies. — Wettbewerbsrecht, Gesetz gegen den unlauteren Wettbewerb, Zugabeverordnung, Rabattgesetz und Nebengesetze,
22. Auflage, München 2001

Baumbach, Adolf/ Hopt, Klaus J. — Handelsgesetzbuch mit GmbH & Co., Handelsklauseln, Bank- und Börsenrecht, Transportrecht (ohne Seerecht),
30. Auflage, München 2000

Baumbach, Adolf/ Lauterbach, Wolfgang/ Albers, Jan/ Hartmann, Peter — Zivilprozessordnung mit Gerichtsverfassungsgesetz und anderen Nebengesetzen,
61. Auflage, München 2003

Bechtold, Stefan — Der Schutz des Anbieters von Information – Urheberrecht und Gewerblicher Rechtsschutz im Internet,
ZUM 1997, S. 427 ff.

Berger, Christian — Zwangsvollstreckung in „Internet-Domains“,
Rpfleger 2002, S. 181 ff.

Betten, Jürgen	Titelschutz von Computerprogrammen, GRUR 1995, S. 5 ff.
Bettinger, Torsten	Kennzeichenrecht im Cyberspace: Der Kampf um die Domain-Namen, GRUR Int. 1997, S. 402 ff.
Bleisteiner, Stephan	Rechtliche Verantwortlichkeit im Internet unter besonderer Berücksichtigung des Teledienstgesetzes und des Mediendienste-Staatsvertrags, Köln, Berlin, Bonn, München 1999
Böckenförde, Thomas	Domains, Frames & Links – Technische Gestaltungsmöglichkeiten zwischen Reglementierung und Wildwuchs, WRP 2002, S. 742 ff.
Bücking, Jens	Internet-Domains – Neue Wege und Grenzen des bürgerlich-rechtlichen Namensschutzes, NJW 1997, S. 1886 ff.
ders.	Update Domainrecht: Aktuelle Entwicklungen im deutschen Recht der Internetdomains, MMR 2000, S. 656 ff.
Bußmann, Kurt	Zwangsmaßnahmen gegenüber Unternehmenskennzeichen, Festschrift für Leo Raape, Hamburg 1948, S. 131 ff.

Deutsch, Volker	Quo vadis, BGH, beim Titelschutz?, GRUR 1994, S. 673 ff.
ders.	Der Werktitel als Gegenstand des Rechtsverkehrs, WRP 1998, S. 14 ff.
Ebenroth, Carsten Thomas/ Boujong, Karlheinz/ Joost, Detlev	Handelsgesetzbuch, Band 1 (§§ 1-342a), München 2001
Erd, Rainer	Probleme des Online-Rechts – Teil 1: Probleme der Domainvergabe und -nutzung, KJ 2000, S. 107 ff.
Erman, Walter	Bürgerliches Gesetzbuch, Handkommentar mit AGBG, EGBGB, ErbbauVO, HausratsVO, HausTWG, ProdHaftG, SachenRBerG, SchuldRAnpG, VerbrKrG, Band I (§§ 1-853), 10. Auflage, Münster, Köln 2000
Ernst, Stefan	Deutsche Städte im Internet und das Namensrecht, NJW-CoR 1997, S. 426 ff.
ders.	Internetadressen – Der Stand der Rechtsprechung, MMR 2001, S. 368 ff.
Fabricius, Fritz	Extensive Anwendung des § 12 BGB?, JR 1972, S. 15 ff.

Fezer, Karl-Heinz — Die Kennzeichenfunktion von Domainnamen,
WRP 2000, S. 669 ff.

ders. — Markenrecht, Kommentar zum Markengesetz, zur Pariser Verbandsübereinkunft und zum Madrider Markenabkommen, Dokumentation des nationalen, europäischen und internationalen Kennzeichenrechts,
3. Auflage, München 2001

Flechsig, Norbert P. — Anmerkung zum Urteil des LG Mannheim vom 08.03.1996 – 7 O 60/96 –,
ZUM 1996, S. 707 f.

Forkel, Hans — Lizenzen an Persönlichkeitsrechten durch gebundene Rechtsübertragung,
GRUR 1988, S. 491 ff.

ders. — Zur Zulässigkeit beschränkter Übertragungen des Namensrechtes,
NJW 1993, S. 3181 ff.

Fuchs, Andreas — Allgemeiner Kennzeichenschutz für geistige Produkte – zugleich ein Beitrag zum Verhältnis von Werktitel und Marke,
GRUR 1999, S. 460 ff.

Geiger, Jan Fritz — Anmerkung zum Beschluss des LG Essen vom 22.09.1999 – 11 T 370/99 –,
JurPC Web-Dokument 210/2000,
http://www.jurpc.de/aufsatz/20000210.htm

Gloy, Wolfgang | Handbuch des Wettbewerbsrechts,
2. Auflage, München 1997

Haft, Fritjof/ Eisele, Jörg | Zur Einführung: Rechtsfragen des Datenverkehrs im Internet,
JuS 2001, S. 112 ff.

Hahn, Harald/ Wilmer, Thomas | Die Vergabe von Top-Level-Domains und ihre rechtlichen Konsequenzen,
NJW-CoR 1997, S. 485 ff.

Hance, Olivier | Internet-Business & Internet-Recht – Rechtliche Regelungen auf der Datenautobahn,
Brüssel 1996

Hanloser, Stefan | Anmerkung zum Beschluss des LG München I vom 28.06.2000 – 20 T 2446/00 –,
CR 2000, S. 703 f.

ders. | Die Pfändung deutscher Internet-Domains,
Rpfleger 2000, S. 525 ff.

ders. | Anmerkung zum Beschluss des LG München I vom 12.02.2001 – 20 T 19368/00 –,
CR 2001, S. 344 f.

ders. | Die „Domain-Pfändung" in der aktuellen Diskussion,
CR 2001, S. 456 ff.

Hartmann, Matthias/ Kloos, Bernhard	Anmerkung zum Beschluss des LG Düsseldorf vom 16.03.2001 – 25 T 59/01 –, CR 2001, S. 469
Hefermehl, Wolfgang	Der namensrechtliche Schutz geschäftlicher Kennzeichen, Beiträge zum Arbeits-, Handels- und Wirtschaftsrecht – Festschrift für Alfred Hueck, München, Berlin 1959, S. 519 ff.
Herrmann, Volker	Die Zwangsvollstreckung in die Domain – Zur Pfändbarkeit und Verwertung von Domain-Namen im Internet, Aachen 2004
Hoeren, Thomas	Das Internet für Juristen – Eine Einführung, NJW 1995, S. 3295 ff.
ders.	Anmerkung zum Urteil des LG Mannheim vom 08.03.1996 – 7 O 60/96 –, CR 1996, S. 355 f.
Hoeren, Thomas/ Sieber, Ulrich	Handbuch Multimedia-Recht – Rechtsfragen des elektronischen Geschäftsverkehrs, Loseblatt-Sammlung, München, Stand: November 2002
Hoffmann, Helmut	Die Entwicklung des Internet-Rechts, NJW-Beilage zu Heft 14/2001

Ingerl, Reinhard/ Rohnke, Christian	Markengesetz, Gesetz über den Schutz von Marken und sonstigen Kennzeichen, München 1998
Jacobs, Rainer	Werktitelschutz für Computerspiele und Computerprogramme, GRUR 1996, S. 601 ff.
Jauernig, Othmar	Bürgerliches Gesetzbuch mit Gesetz zur Regelung des Rechts der Allgemeinen Geschäftsbedingungen, 10. Auflage, München 2003
Jsay, Hermann	Die Selbständigkeit des Rechts an der Marke, GRUR 1929, S. 23 ff.
Kaltner, Jonathan A.	Die Verbraucherfunktion – eine neue EG-Markenfunktion?, EWS 1995, S. 12 ff.
Kleespies, Mathias	Die Domain als selbständiger Vermögensgegenstand in der Einzelzwangsvollstreckung, GRUR 2002, S. 764 ff.
Klippel, Diethelm	Anmerkung zum Urteil des BGH vom 23.09.1992 – I ZR 251/90 –, JR 1994, S. 239 ff.

Kort, Michael	Namens- und markenrechtliche Fragen bei der Verwendung von Domain-Namen, DB 2001, S. 249 ff.
Krüger-Nieland, Gerda	Anwendungsbereich und Rechtsnatur des Namensrechts, Festschrift für Robert Fischer, Berlin, New York 1979, S. 339 ff.
Kuner, Christopher	Internet für Juristen: Zugang, Recherche, Kommunikation, Sicherheit, Informationsquellen, 2. Auflage, München 1999
Kunz-Hallstein, Hans Peter	Die Funktion der Marke nach europäischem und künftigem deutschem Markenrecht, Festschrift 100 Jahre Marken-Amt, München 1994, S. 147 ff.
Kur, Annette	Internet Domain names – Brauchen wir strengere Zulassungsvorschriften für die Datenautobahn?, CR 1996, S. 325 ff.
dies.	Namens- und Kennzeichenschutz im Cyberspace, CR 1996, S. 590 ff.
Lehmann, Michael	Der wettbewerbsrechtliche Titelschutz für Computerprogramme, CR 1986, S. 373 ff.

ders. | Neuer Titelschutz von Software im Markengesetz,
CR 1995, S. 129 ff.

Lwowski, Hans-Jürgen/ Dahm, Patrick | Auf dem Weg zur europäischen Informationsgesellschaft – Zu Übertragbarkeit und Pfändbarkeit von de- und eu-Domains,
WM 2001, S. 1135 ff.

Mangini, Vito | Die Marke: Niedergang der Herkunftsfunktion?,
GRUR Int. 1996, S. 462 ff.

Münchener Kommentar | zum Bürgerlichen Gesetzbuch, Band 1 (Allgemeiner Teil, §§ 1-240, AGB-Gesetz),
4. Auflage, München 2001

Münchener Kommentar | zum Handelsgesetzbuch, Band 1 (Erstes Buch, Handelsstand, §§ 1-104),
München 1996

Münchener Kommentar | zur Zivilprozessordnung mit Gerichtsverfassungsgesetz und Nebengesetzen, Band 3 (§§ 803-1066, EGZPO, GVG, EGGVG, IZPR),
2. Auflage, München 2001

Musielak, Hans-Joachim | Kommentar zur Zivilprozessordnung mit Gerichtsverfassungsgesetz,
3. Auflage, München 2002

Noack, Wilhelm — Der Vollstreckungsschutz des § 811 Nr. 5 ZPO (unpfändbare Sachen) für Minderkaufleute und sonstige Gewerbetreibende,

BB 1966, S. 1007 ff.

Nordemann, Axel — Internet-Domains und zeichenrechtliche Kollisionen,

NJW 1997, S. 1891 ff.

Nordemann, Axel/ Goddar, Heinz/ Tönhardt, Marion/ Czychowski, Christian — Gewerblicher Rechtsschutz und Urheberrecht im Internet,

CR 1996, S. 645 ff.

Nörr, Knut Wolfgang/ Scheyhing, Robert/ Pöggeler, Wolfgang — Handbuch des Schuldrechts Band 2 – Sukzessionen – Forderungszession, Vertragsübernahme, Schuldübernahme,

2. Auflage, Tübingen 1999

Nowrot, Karsten — Verfassungsrechtlicher Eigentumsschutz von Internet-Domains,

Christian Tietje/Gerhard Kraft, Arbeitspapiere aus dem Institut für Wirtschaftsrecht, Heft 8,

Halle an der Saale 2002

Omsels, Hermann-Josef — Die Kennzeichenrechte im Internet,

GRUR 1997, S. 328 ff.

Palandt, Otto — Bürgerliches Gesetzbuch mit Einführungsgesetz (Auszug) u.a.,

61. Auflage, München 2002

Plaß, Gunda	Die Zwangsvollstreckung in die Domain, WRP 2000, S. 1077 ff.
Racz, Christian	Second-Level-Domains aus kennzeichenrechtlicher Sicht, Frankfurt am Main, Berlin, Bern, Bruxelles, New York, Oxford, Wien 2002
Reichsgerichtsräte-Kommentar	Das Bürgerliche Gesetzbuch mit besonderer Berücksichtigung der Rechtsprechung des Reichsgerichts und des Bundesgerichtshofes, Band I (§§ 1-240), 12. Auflage, Berlin, New York 1982
Renck, Andreas W.	Kennzeichenrechte versus Domain-Names – Eine Analyse der Rechtsprechung, NJW 1999, S. 3587 ff.
Röhricht, Volker/ Graf von Westphalen, Friedrich	Handelsgesetzbuch, Kommentar zu Handelsstand, Handelsgesellschaften, Handelsgeschäften und besonderen Handelsverträgen (ohne Bilanz-, Transport- und Seerecht), 2. Auflage, Köln 2001
Sack, Rolf	Die rechtlichen Funktionen des Warenzeichens, GRUR 1972, S. 402 ff. und 445 ff.
Schließ, Markus	Übertragung von Domainnamensrechten, ZUM 1999, S. 307 ff.

Schluep, Walter R.	Das Markenrecht als subjektives Recht, Basel 1964
Schmidt, Karsten	Handelsrecht, 5. Auflage, Köln, Berlin, Bonn, München 1999
Schmieder, Hans-Heinrich	Warenzeichen als Sprachgebilde – Linguistische Probleme des Markenrechts auch im Hinblick auf dessen Europäisierung, NJW 1992, S. 1257 ff.
Schmittmann, Jens M.	Anmerkung zum Beschluss des LG Essen vom 22.09.1999 – 11 T 370/99 –, JurBüro 2000, S. 213 f.
ders.	Anmerkung zum Beschluss des LG München I vom 28.06.2000 – 20 T 2446/00 –, JurBüro 2000, S. 596 f.
Schneider, Harald	Pfändung und Verwertung von Internet-Domains, ZAP 1999, Fach 14, S. 355 ff.
Schulze, Reiner/ u.a.	Bürgerliches Gesetzbuch, Handkommentar, 2. Auflage, Baden-Baden 2002

Schuschke, Winfried/ Walker, Wolf-Dietrich — Vollstreckung und vorläufiger Rechtsschutz – Kommentar zum Achten Buch der Zivilprozessordnung, Band I (Zwangsvollstreckung, §§ 704-915h),
3. Auflage, Köln, Berlin, Bonn, München 2002

Siebert, Wolfgang — Zur allgemeinen Problematik des Persönlichkeitsrechts,
NJW 1958, S. 1369 ff.

Soergel, Hans Theodor — Bürgerliches Gesetzbuch mit Einführungsgesetz und Nebengesetzen, Band 1 (Allgemeiner Teil 1, §§ 1-103),
13. Auflage, Stuttgart, Berlin, Köln, Mainz 2000

Spindler, Gerald — Vertragsrecht der Internet-Provider,
Köln 2000

Starck, Joachim — Marken und sonstige Kennzeichenrechte als verkehrsfähige Wirtschaftsgüter – Anmerkungen zum neuen Markenrecht,
WRP 1994, S. 698 ff.

Staudinger, Julius von — Kommentar zum Bürgerlichen Gesetzbuch mit Einführungsgesetz und Nebengesetzen, Band 1 (Einleitung zum Bürgerlichen Gesetzbuch, Erstes Buch, Allgemeiner Teil, §§ 1-12, Verschollenheitsgesetz),
13. Auflage, Berlin 1995

Stein, Friedrich/ Jonas, Martin	Kommentar zur Zivilprozessordnung, Band 6 (§§ 704-863), 21. Auflage, Tübingen 1995
dies.	Kommentar zur Zivilprozessordnung, Band 7 (§§ 704-827), 22. Auflage, Tübingen 2002
Stöber, Kurt	Forderungspfändung – Zwangsvollstreckung in Forderungen und andere Vermögensrechte, 12. Auflage, Bielefeld 1999
Stratmann, Holger	Internet domain names oder der Schutz von Namen, Firmenbezeichnungen und Marken gegen die Benutzung durch Dritte als Internet-Adresse, BB 1997, S. 689 ff.
Ströbele, Paul/ Klaka, Rainer	Markengesetz, Kommentar, 6. Auflage, Köln, Berlin, Bonn, München 2000
Strömer, Tobias H.	Online-Recht – Rechtsfragen im Internet, 2. Auflage, Heidelberg 1999
Taeger, Jürgen	Recht der digitalen Welt – Rechtsentwicklungen im EDV- und Internetrecht, KJ 2000, S. 506 ff.
Teplitzky, Otto	Aktuelle Fragen beim Titelschutz, AfP 1997, S. 450 ff.

Thomas, Heinz/ Putzo, Hans	Zivilprozessordnung, 25. Auflage, München 2003
Tilmann, Winfried	Das neue Markenrecht und die Herkunftsfunktion, ZHR 1994, S. 371 ff.
Troller, Alois	Markenrecht und Landesgrenzen, GRUR Int. 1967, S. 261 ff.
Ubber, Thomas	Rechtsschutz bei Missbrauch von Internet-Domains, WRP 1997, S. 497 ff.
Vanzetti, Adriano	Funktion und Rechtsnatur der Marke, GRUR Int. 1965, S. 128 ff.
Viefhues, Martin	Anmerkung zum Beschluss des LG Essen vom 22.09.1999 – 11 T 370/99 –, MMR 2000, S. 286 ff.
ders.	Gleichnamigkeit im Internet: Sind doch einige gleicher als die anderen?, MMR 2002, S. 341 f.
Völker, Stefan/ Weidert, Stefan	Domain-Namen im Internet, WRP 1997, S. 652 ff.

Wassermann, Rudolf	Reihe Alternativkommentare, Kommentar zum Bürgerlichen Gesetzbuch, Band 1 (Allgemeiner Teil, §§ 1-240), Neuwied, Darmstadt 1987
Wegner, Ralf	Der rechtliche Schutz von Internetdomains – Kennzeichenrechtliche und deliktische Anspruchsgrundlagen, CR 1999, S. 250 ff.
Welzel, Stephan	Zwangsvollstreckung in Internet-Domains, MMR 2001, S. 131 ff.
ders.	Anmerkung zum Beschluss des LG München I vom 12.02.2001 – 20 T 19368/00 –, MMR 2001, S. 321 ff.
Wiebe, Andreas	Zur Kennzeichnungsfunktion von Domain Names, CR 1998, S. 157 ff.
Wilmer, Thomas	Offene Fragen der rechtlichen Einordnung von Internetdomains – Domainhandel, Suchmaschinen und neue Top-Level-Domains, CR 1997, S. 562 ff.
Zahrnt, Christoph	Titelschutz für Software-Produkte – ein Irrtum?!, BB 1996, S. 1570 ff.

ders.	Anmerkung zum Urteil des LG Köln vom 17.12.1996 – 3 O 477/96 –, BB 1997, S. 1121
Zöller, Richard	Zivilprozessordnung mit Gerichtsverfassungsgesetz und den Einführungsgesetzen, mit Internationalem Zivilprozessrecht, EG-Verordnungen, Kostenanmerkungen, Kommentar, 23. Auflage, Köln 2002

ABKÜRZUNGSVERZEICHNIS

a.A.	andere(r) Ansicht
a.F.	alte(r) Fassung
Abs.	Absatz, Absätze
AfP	Zeitschrift für Medien- und Kommunikationsrecht (ehemals Archiv für Presserecht)
AG	Aktiengesellschaft, Amtsgericht
AGB	Allgemeine Geschäftsbedingungen
AGBG	Gesetz zur Regelung des Rechts der Allgemeinen Geschäftsbedingungen
Alt.	Alternative
Anm.	Anmerkung
Art.	Artikel
Aufl.	Auflage
BB	Der Betriebs-Berater
Bd.	Band
BGB	Bürgerliches Gesetzbuch
BGBl.	Bundesgesetzblatt
BGH	Bundesgerichtshof
BGHZ	Entscheidungen des Bundesgerichtshofs in Zivilsachen
BPatG	Bundespatentgericht
BPatGE	Entscheidungen des Bundespatentgerichts
Bsp.	Beispiel(e)
bspw.	beispielsweise
BT-Drucks.	Bundestags-Drucksache

BVerfG	Bundesverfassungsgericht
bzgl.	bezüglich
bzw.	beziehungsweise
Co.	Kompanie
CR	Computer und Recht
d.h.	das heißt
dass.	dasselbe
DB	Der Betrieb
DENIC	Deutsches Network Information Center
DENIC-RB	DENIC-Registrierungsbedingungen
DENIC-RR	DENIC-Registrierungsrichtlinien
ders.	derselbe
dies.	dieselbe(n)
DZWIR	Deutsche Zeitschrift für Wirtschafts- und Insolvenzrecht
EDV	elektronische Datenverarbeitung
eG	eingetragene Genossenschaft
EG	Europäische Gemeinschaft
EGBGB	Einführungsgesetz zum Bürgerlichen Gesetzbuch
EGGVG	Einführungsgesetz zum Gerichtsverfassungsgesetz
EGZPO	Einführungsgesetz zur Zivilprozessordnung

Einl.	Einleitung
ErbbauVO	Verordnung über das Erbbaurecht
etc.	et cetera
EuGH	Gerichtshof der Europäischen Gemeinschaften
EWG	Europäische Wirtschaftsgemeinschaft
EWS	Europäisches Wirtschafts- und Steuerrecht
f./ff.	folgende
Fn.	Fußnote(n)
FS	Festschrift
GbR	Gesellschaft bürgerlichen Rechts
gem.	gemäß
GG	Grundgesetz für die Bundesrepublik Deutschland
ggf.	gegebenenfalls
GmbH	Gesellschaft mit beschränkter Haftung
GRUR	Gewerblicher Rechtsschutz und Urheberrecht
GRUR Int.	Gewerblicher Rechtsschutz und Urheberrecht, Internationaler Teil
GVG	Gerichtsverfassungsgesetz
HausratsVO	Hausratsverordnung
HausTWG	Gesetz über den Widerruf von Haustürgeschäften und ähnlichen Geschäften
HGB	Handelsgesetzbuch

http	Hypertext Transfer Protocol
i.S.d.	im Sinne der/s
i.S.v.	im Sinne von
i.V.m.	in Verbindung mit
insbes.	insbesondere
IP	Internet Protocol
ISO	International Organization for Standardization
IZPR	Internationales Zivilprozessrecht
JR	Juristische Rundschau
JurBüro	Das Juristische Büro
JurPC	Internet-Zeitschrift für Rechtsinformatik
JuS	Juristische Schulung
JW	Juristische Wochenschrift
JZ	Juristenzeitung
KG	Kammergericht
KJ	Kritische Justiz
K&R	Kommunikation und Recht
LG	Landgericht
Losebl.	Loseblattsammlung

MarkenG	Markengesetz
MMR	Multimedia und Recht
NÄG	Gesetz über die Änderung von Familiennamen und Vornamen
NJW	Neue Juristische Wochenschrift
NJW-CoR	NJW-Computer-Report
NJW-RR	NJW-Rechtsprechungs-Report Zivilrecht
Nr.	Nummer(n)
NSI	Network Solutions Inc.
OLG	Oberlandesgericht
PartG	Partnerschaftsgesellschaft
PatG	Patentgesetz
ProdHaftG	Produkthaftungsgesetz
resp.	respektive
RG	Reichsgericht
RGBl.	Reichsgesetzblatt
RGRK	Reichsgerichtsräte-Kommentar
RGZ	Entscheidungen des Reichsgerichts in Zivilsachen
Rn.	Randnummer(n)
Rpfleger	Der Deutsche Rechtspfleger
RPflG	Rechtspflegergesetz

Rspr.	Rechtsprechung
S.	Satz, Sätze, Seite(n)
SachenRBerG	Sachenrechtsbereinigungsgesetz
SchuldRAnpG	Schuldrechtsanpassungsgesetz
sog.	so genannte(n/r/s)
u.a.	und andere(n), unter anderem
UFITA	Archiv für Urheber-, Film-, Funk- und Theaterrecht
unveröffentl.	unveröffentlichte
URL	Universal Resource Locator
usw.	und so weiter
UWG	Gesetz gegen den unlauteren Wettbewerb
VerbrKrG	Verbraucherkreditgesetz
vgl.	vergleiche
Web-Dok.	Web-Dokument von JurPC
WM	Wertpapiermitteilungen
WRP	Wettbewerb in Recht und Praxis
www	World Wide Web
WZG	Warenzeichengesetz

z.B.	zum Beispiel
ZAP	Zeitschrift für Anwaltspraxis
ZHR	Zeitschrift für das gesamte Handels- und Wirtschaftsrecht
ZPO	Zivilprozessordnung
ZUM	Zeitschrift für Urheber- und Medienrecht

A. EINLEITUNG

Das rasante Wachstum des Geschäftsverkehrs im Internet führt nicht nur zu einer Veränderung sozialer Strukturen, insbes. auf dem Gebiet der Informationsbeschaffung und des Produktvertriebs, an deren Ende die viel beschworene „Informationsgesellschaft“ steht. Vielmehr hat die immer noch andauernde Ausdehnung dieses Mediums ebenfalls zur Folge, dass die Zahl der registrierten Internet-Domains[1] ständig wächst. Allein die Anzahl der unterhalb der deutschen Top-Level-Domain[2] „.de“ registrierten Domains beläuft sich inzwischen auf etwa 7,9 Millionen.[3] Da aus technischen Gründen ein bestimmter Domain-Name nur ein einziges Mal vergeben werden kann,[4] führt dies zwangsläufig dazu, dass insbes. kurze und damit leicht einprägsame Internet-Domains allmählich knapp werden. Dies hat, wie in jedem Fall, in dem die Nachfrage größer als das entsprechende Angebot ist, die Konsequenz, dass insbes. Domains, die ausschließlich aus Gattungsbegriffen bestehen[5] (z.B. „http://www.buecher.de“), mittlerweile einen nicht unerheblichen wirtschaftlichen Wert darstellen können. Der Grund hierfür liegt darin, dass an solchen Domain-Namen wegen ihres „Kanalisierungs-“[6] bzw. „Bündelungseffekts“ bzgl. entsprechender Interessenten ein weitreichendes Interesse vor allem seitens kommerzieller Anbieter besteht. So ist bspw. 1999 die Internet-Domain „http://www.business.com“ für einen Betrag von 7,5 Millionen US-$ versteigert worden.[7] Derart zum Vermögenswert aufgestiegen war es nur eine Frage der Zeit, bis Domain-Namen als potentielle Vollstreckungsobjekte in Betracht kamen.

---

1 Zu beachten ist, dass in der vorliegenden Arbeit die Begriffe „Internet-Domain“, „Domain“ und „Domain-Name“ synonym für eine vollständige Internetadresse (z.B. „http://www.x.de“) verwendet werden.

2 Siehe S. 18.

3 Stand Oktober 2004, http://www.denic.de/de/domains/statistiken/index.html (01.10.2004).

4 Siehe S. 17 f.

5 Bzgl. der grundsätzlichen Zulässigkeit derartiger Domains siehe *BGH*, Urteil vom 17.05.2001 – I ZR 216/99 –, JurPC Web-Dok. 219/2001, http://www.jurpc.de/rechtspr/20010219.htm (01.10.2004).

6 *Berger*, Rpfleger 2002, S. 181, 181.

7 *Berger*, Rpfleger 2002, S. 181 Fn. 2; dieses und weitere Bsp. unter http://domain-recht.de/handel/preise.php (01.10.2004).

Ob jedoch eine Zwangsvollstreckung wegen Geldforderungen in Internet-Domains überhaupt zulässig ist und, wenn ja, wie die Durchführung einer solchen im Einzelnen auszusehen hat, ist bis jetzt weitestgehend ungeklärt. Zwar existieren erste Ansätze, wie dieses rechtliche Problem gelöst werden könnte. Jedoch konnte bisher weder die diesbezüglich ergangene Rechtsprechung noch das hierzu publizierte Schrifttum eine sämtliche Aspekte dieser Fragestellung umfassende und dogmatisch fundierte Lösung präsentieren, welche sowohl den Anforderungen des zivilprozessualen Vollstreckungsrechts als auch denjenigen der Praxis im Bereich der Domain-Vergabe gerecht wird. Gerade die Frage, welchen Einfluss das Kennzeichenrecht auf eine Zwangsvollstreckung in Domains hat, ist bisher kaum erörtert worden. Denn hinsichtlich dieses Rechtsbereichs wird zumeist nur danach gefragt, ob die Verwendung eines bestimmten Domain-Namens bestehende Kennzeichenrechte eines Dritten verletzen und hierdurch entsprechende Unterlassungsansprüche begründen kann, wohingegen die Auswirkungen des Kennzeichenrechts auf eine Domain-Pfändung regelmäßig unberücksichtigt bleiben. Aus diesem Grunde soll durch die vorliegende Arbeit der Versuch unternommen werden, sämtliche Teilbereiche, die für eine Zwangsvollstreckung wegen Geldforderungen in Internet-Domains relevant sind, insbes. auch das diesbezüglich oftmals vernachlässigte Kennzeichenrecht, innerhalb einer Abhandlung zusammenzufassen. Das hiermit verfolgte Ziel ist die Erarbeitung eines allgemeinen Vollstreckungsmodells für Domains, welches es der Praxis ermöglichen soll, Fälle von Domain-Pfändungen wegen Geldforderungen auf dogmatischer Grundlage zu lösen. Zu beachten ist hierbei, dass diese Arbeit nur Antwort auf die Fragen zu geben vermag, ob eine Zwangsvollstreckung in Domain-Namen nach deutschem Recht möglich ist und, wenn ja, wie diese auf der Grundlage des deutschen Zivilprozessrechts im Einzelnen zu erfolgen hat, was insbes. für Internet-Domains unterhalb der Top-Level-Domain „.de“ relevant ist. Hinsichtlich der Pfändung von Domains, für die ein anderes als das deutsche Recht einschlägig ist, muss hingegen auf die diesbezüglich publizierten nationalen Lösungsansätze verwiesen werden.[8]

---

[8] Bzgl. einer Domain-Pfändung nach US-amerikanischem Recht siehe z.B. *Supreme Court of Virginia*, 21.04.2000, Network Solutions, Inc., v. Umbro International, Inc., et al., http://www.courts.state.va.us/txtops/1991168.txt (01.10.2004).

Was den Aufbau der vorliegenden Arbeit anbetrifft, deren Thema dem großen Bereich des sog. „Internet-“[9] bzw. „Online-Rechts“[10] angehört, so erscheint es ratsam, sich vorab einen kurzen Überblick über die Entstehungsgeschichte des Mediums zu verschaffen, das diesem Rechtsgebiet zu Grunde liegt. Im Anschluss daran soll versucht werden, Domain-Namen in das bestehende Zwangsvollstreckungsrecht der ZPO zu integrieren. Hierbei ist zunächst zu klären, ob eine Zwangsvollstreckung in Domains generell überhaupt zulässig ist. Anschließend soll die Frage beantwortet werden, ob es gleichwohl Einzelfälle gibt, in denen eine solche Vollstreckung ausnahmsweise unzulässig ist. Schließlich ist noch zu erörtern, wie im Einzelnen eine Zwangsvollstreckung in Internet-Domains durchzuführen und ihre Verwertung vorzunehmen ist.

---

[9] Bzgl. des Begriffes siehe *Taeger*, KJ 2000, S. 506, 506.

[10] Bzgl. des Begriffes siehe *Strömer*, S. 1 ff.

B. ENTSTEHUNG DES INTERNETS

Seinen Anfang nahm das Internet (Abkürzung für „interconnected network")[11] Mitte der sechziger Jahre in den USA. Damals beauftragte das US-Verteidigungsministerium vor dem Hintergrund des Kalten Krieges zwischen Ost und West den Amerikaner Paul Baran, ein dezentrales, nicht hierarchisch strukturiertes Computernetzwerk zu entwerfen, welches es ermöglichen sollte, auch im Falle der Zerstörung einzelner Netzverbindungen des US-Verteidigungssystems infolge eines Nuklearangriffes die Kommunikation innerhalb des verbleibenden Netzwerks aufrecht zu erhalten.[12] Hieraufhin entwickelte Baran ein System, welches nicht mehr, wie bis zu diesem Zeitpunkt üblich, von einem zentralen Rechner („Server") abhängig war, der alle Daten des betreffenden Netzwerks verwaltet und den an ihn angeschlossenen Rechnern („Clients") bei Bedarf zur Verfügung stellt. Vielmehr sah seine Konzeption vor, die zu übermittelnden Nachrichten in einzelne Datenpakete zu zerlegen und diese unabhängig voneinander über gerade verfügbare Verbindungen sog. „Knotenrechner" weiterzuleiten, bis alle Fragmente beim Empfänger angekommen und dort wieder zusammengesetzt worden sind. Der Vorteil eines solchen Systems lag darin, dass, selbst wenn Teile des Netzwerkes ausfallen sollten, die betreffenden Daten einfach auf einem anderen Weg, sprich über andere Knotenrechner, zum Adressaten gelangen würden.

Erstmalig realisiert wurde dieses Konzept im Jahre 1969 beim „Advanced Research Project Agency Network" (ARPANET), einem Zusammenschluss verschiedener Hochleistungsrechner des US-Militärs und amerikanischer Forschungseinrichtungen, wobei dieses Netzwerk anfangs lediglich über vier Knotenrechner verfügte. Zu Beginn der siebziger Jahre wuchs das ARPANET über seinen ursprünglich rein militärischen Zweck hinaus hin zu einer ebenfalls wissenschaftlichen und mithin zivilen Nutzung. 1973 wurde erstmals ein sich außerhalb der USA befindendes Institut, das University College in London, an das Netz angeschlossen. In diesem Zusammenhang fand ein deutlicher Anstieg der beteiligten Knotenrechner statt, deren Anzahl sich 1977 bereits auf 111 belief.

---

[11] *Völker/Weidert*, WRP 1997, S. 652, 652.

[12] Vgl. hierzu und zur weiteren Entstehungsgeschichte des Internets *Hance*, S. 45 f.; *Bleisteiner*, S. 15 f.; *Kuner*, S. 1 ff.; *Strömer*, S. 3; *Haft/Eisele*, JuS 2001, S. 112, 112 f.

Eine weitere Expansion erfuhr dieses Netzwerk, als in der Folgezeit parallel entstandene Netze, wie etwa das „USENET", in das ARPANET integriert wurden. Im Jahre 1983 wurde dieses einheitliche System aufgespalten in einen rein zivilen Teil, der den Namen ARPANET beibehielt, und in einen ausschließlich dem Militär vorbehaltenen Teil, dem „Military Network" (MILNET). Für Letzteres wurde in der Folgezeit eine europäische Zweigstelle namens „MINET" geschaffen. Die Nutzung des nunmehr ausschließlich zivilen Teils beschränkte sich zunächst auf den Austausch wissenschaftlicher Daten, vornehmlich durch elektronisch innerhalb des Netzes übermittelte Nachrichten („E-Mails"), und auf die gemeinsame Ausnutzung kostbarer Rechenleistung durch die angeschlossenen Universitäten, wohingegen eine kommerzielle Verwendung noch nicht stattfand. Eine umfassendere Einbeziehung Europas fand zu Beginn der achtziger Jahre mit der Gründung des skandinavischen „NORDUNET" und des europaweiten „EUNET" statt, wobei Letzteres zunächst lediglich ein vom ARPANET getrennter Ableger des US-amerikanischen USENET war. Für Deutschland begann das Internetzeitalter 1984, als der „Verein zur Förderung eines Deutschen Forschungsnetzes" (DFN) ins Leben gerufen wurde, die Universität Dortmund als erste deutsche Hochschule ans Netz ging und in der Folgezeit das „WiN-Netz" aufgebaut wurde, welches über einen Zugang zur international bestehenden Netzstruktur verfügte. Im Jahre 1986 wurde in den Vereinigten Staaten das „National Science Foundation Network" (NSFNET) geschaffen, welches wie seine Vorgänger von der damaligen US-Administration finanziert wurde, zu einem verstärkten Aufbau von Hauptdatenübertragungssträngen, den sog. „Backbones" führte und 1989 die Rolle des aufgelösten ARPANET übernahm. Ende der achtziger Jahre wurden am Europäischen Kernforschungszentrum, dem „Conseil Europeen pour la Recherche Nucléaire" (CERN), die technischen Grundlagen für den Netzdienst „World Wide Web" (www) gelegt und es kam Anfang der neunziger Jahre zur Gründung der europäischen Backbones „EBONE" und „EUROPANET". 1995 entschloss sich die damalige US-Regierung, das von ihr geschaffene Netzsystem nicht mehr weiter zu subventionieren, sondern stattdessen seine Privatisierung einzuleiten, was zur Übernahme der wichtigsten Knotenpunkte dieses Netzwerks durch mehrere amerikanische Telefongesellschaften führte. Folge hiervon war, dass die bis zu diesem Zeitpunkt insbes. im NSFNET vorherrschende, sog. „acceptable use policy" endete, nach welcher bestehende Netzkapazitäten ausschließlich für wissenschaftliche Zwecke genutzt werden sollten. Von diesem Zeitpunkt an nahm der Einfluss der Privatwirtschaft auf das bestehende Netzsystem ständig zu, was zu einer bis heute andauernden Entwicklung geführt hat, die man im Allgemeinen als die „Kommerzialisierung des Netzes" bezeichnet.

Was schließlich den Begriff des Internets anbetrifft, so ist hervorzuheben, dass es sich bei diesem nicht, wie z.B. beim ARPANET oder beim NSFNET, um ein spezielles, fest umgrenztes und zu einem bestimmten Zeitpunkt gegründetes Einzelnetzwerk handelt. Vielmehr versteht man unter dieser Bezeichnung die Summe aller weltweit miteinander verbundenen Computernetze, weshalb das Internet zum Teil als das „Netzwerk der Netzwerke"[13] oder metaphorisch als die „Mutter aller Netze"[14] bezeichnet wird.

Somit begann die Entwicklung des Internets bereits mit den ersten Konzeptionen Paul Barans, durchlief das Stadium einzelner, anfangs zumeist nationaler Netzwerkgründungen und ist, insbes. was die weltweite Ausdehnung dieses Mediums anbelangt, wohl auf absehbare Zeit noch längst nicht abgeschlossen.

---

[13] *Hoeren*, NJW 1995, S. 3295, 3295.
[14] *Strömer*, S. 3.

C. GENERELLE ZULÄSSIGKEIT EINER ZWANGSVOLL-STRECKUNG

Die ZPO unterscheidet bei der Zwangsvollstreckung wegen Geldforderungen in das bewegliche Vermögen zwischen der Pfändung körperlicher Sachen (§§ 808-827 ZPO), der Pfändung von Geldforderungen (§§ 828-845 ZPO), der Zwangsvollstreckung in Herausgabeansprüche (§§ 846-849 ZPO) und der Zwangsvollstreckung in andere Vermögensrechte (§ 857 ZPO). Da ein Domain-Name weder eine körperliche Sache noch eine Geldforderung oder einen Herausgabeanspruch darstellt, kommt für ihn lediglich die Zwangsvollstreckung in andere Vermögensrechte gem. § 857 ZPO in Betracht, auf welche die §§ 828 ff. ZPO entsprechend anzuwenden sind.

Eine solche Zwangsvollstreckung nach § 857 ZPO setzt voraus, dass sich Domains unter den Begriff der „anderen Vermögensrechte" i.S.d. § 857 Abs. 1 ZPO subsumieren lassen. Hierunter versteht man Rechte jedweder Art, „die einen Vermögenswert derart verkörpern, dass die Pfandverwertung zur Befriedigung des Geldanspruches des Gläubigers führen kann".[15] Ob Internet-Domains diesen Anforderungen gerecht werden und eine Zwangsvollstreckung in sie mithin gem. § 857 ZPO zulässig ist, ist in Judikatur und Schrifttum umstritten.

I. Rechtsprechung

1. Befürwortend

Der größere Teil der Judikatur spricht sich für die generelle Zulässigkeit einer Zwangsvollstreckung in Domains aus.[16] Den Anfang machte das AG Gladbeck,

---

15 *Stöber* in *Zöller*, § 857 Rn. 2.

16 *LG Essen*, Beschluss vom 22.09.1999 – 11 T 370/99 –, CR 2000, S. 247 = GRUR 2000, S. 453 f. = JurBüro 2000, S. 213 f. mit Anm. *Schmittmann* = MMR 2000, S. 286 ff. mit Anm. *Viefhues* = Rpfleger 2000, S. 168; *LG Düsseldorf*, Beschluss vom 16.03.2001 – 25 T 59/01 –, CR 2001, S. 468 f. mit Anm. *Hartmann/Kloos* = http://www.flick-sass.de/domainpfand02.html (01.10.2004); *AG Gladbeck*, Beschluss vom 14.07.1999 – 13 M 56/99 –, unveröffentl. Entscheidung; *AG Deggendorf*, Beschluss vom 13.10.1999 – M 6788/99 –, unveröffentl. Entscheidung; *AG Hildesheim*, Beschluss vom 25.10.1999 – 23b 10672/99 –, unveröffentl. Entscheidung; *AG Lindau*, Beschluss vom 17.04.2000 – M 192/00 –, unveröffentl. Entscheidung; *AG Bremen*, Beschluss vom 16.10.2000 – 247 M

welches recht lapidar feststellte, dass „Rechte an Internet-Domains (...) übertragbar und (mithin) auch pfändbar“ seien.[17] Etwas ausführlicher begründete das LG Essen als Rechtsmittelinstanz gegen diese Entscheidung des AG Gladbeck die Zulässigkeit einer Domain-Pfändung. Es führte aus, ein Domain-Name, bei welchem es sich um ein mit einer Lizenz vergleichbares Rechtsinstitut sui generis handele, könne „gekauft, verkauft, vermietet und versteigert“ werden. Dies habe zur Folge, dass ein derart übertragbares Recht – ebenso wie eine veräußerbare Lizenz – pfändbar sei.[18] Gleichermaßen erkannte das LG Düsseldorf darauf, dass eine Domain ein selbständiges, geldwertes und veräußerliches Recht und damit ein „anderes Vermögensrecht“ i.S.d. § 857 Abs. 1 ZPO darstelle, so dass ihre Pfändung auf Grundlage dieser zivilprozessualen Vorschrift grundsätzlich möglich sei.[19]

2. Ablehnend

Das LG München I verneint die generelle Zulässigkeit einer Zwangsvollstreckung in Domain-Namen.[20] Zwar ließ es zunächst noch offen, ob eine Internet-Domain als sonstiges Recht i.S.d. § 857 ZPO pfändbar ist, da im zu Grunde liegenden Fall die Second-Level-Domain den Familiennamen des Vollstreckungsschuldners enthielt und nach Auffassung des Gerichts der Pfändung mithin jedenfalls eine Namensrechtsverletzung gem. § 12 BGB entgegenstand.[21] Jedoch sprach es sich in einer späteren Entscheidung ausdrücklich gegen die Zulässig-

---

472032/00 –, unveröffentl. Entscheidung; *AG Berleburg*, Beschluss vom 16.05.2001 – 6 M 576/00 –, MMR 2002, S. 848; *AG Zwickau*, Beschluss vom 08.08.2001 – 24663/01 –, unveröffentl. Entscheidung; *LG Mönchengladbach*, Beschluss vom 22.09.2004 – 5 T 445/04 –, NJW-aktuell Heft 1-2/2005, S. XIV.

17 *AG Gladbeck*, Beschluss vom 14.07.1999 – 13 M 56/99 –, unveröffentl. Entscheidung.

18 *LG Essen*, Beschluss vom 22.09.1999 – 11 T 370/99 –, CR 2000, S. 247 = GRUR 2000, S. 453 f. = JurBüro 2000, S. 213 f. mit Anm. *Schmittmann* = MMR 2000, S. 286 ff. mit Anm. *Viefhues* = Rpfleger 2000, S. 168.

19 *LG Düsseldorf*, Beschluss vom 16.03.2001 – 25 T 59/01 –, CR 2001, S. 468 f. mit Anm. *Hartmann/Kloos* = http://www.flick-sass.de/domainpfand02.html (01.10.2004).

20 Beschluss vom 12.02.2001 – 20 T 19368/00 –, CR 2001, S. 342 ff. mit Anm. *Hanloser* = K&R 2001, S. 527 ff. = MMR 2001, S. 319 ff. mit Anm. *Welzel* = http://www.bonnanwalt.de/entscheidungen/LG-MuenchenI20T19368-00.html (01.10.2004).

21 *LG München I*, Beschluss vom 28.06.2000 – 20 T 2446/00 –, CR 2000, S. 703 f. mit Anm. *Hanloser* = JurBüro 2000, S. 595 ff. mit Anm. *Schmittmann* = K&R 2000, S. 563 ff. = MMR 2000, S. 565 f.

keit einer Zwangsvollstreckung in Domains aus.[22] Hierzu führte es an, dass nach derzeitiger Rechtslage, insbes. unter Berücksichtigung des bestehenden Vergabesystems, Internet-Domains „nicht als selbständig pfändbare und unter Mitwirkung der Vollstreckungsorgane verwertbare Rechte gem. §§ 829, 857 ff. ZPO anzusehen sind". Denn zum einen fehle es bei Domain-Namen im Gegensatz zu Marken- und Patentrechten, die nach § 29 Abs. 1 Nr. 2 MarkenG bzw. § 15 PatG pfändbar seien, an einer entsprechenden ausdrücklichen gesetzlichen Regelung. Zum anderen ordne das Gesetz bei diesen der Pfändung unterworfenen immateriellen Schutzrechten vorgeschaltete Prüfungsverfahren an (gemeint sind §§ 36 ff. MarkenG bzw. §§ 44 ff. PatG, ohne diese jedoch ausdrücklich zu nennen), was ebenfalls bei der Vergabe von Domains nicht der Fall sei.[23] Schließlich führe darüber hinaus weder die für „.de"-Domains in § 6 Abs. 2 der DENIC-RB festgelegte Übertragbarkeit von Internet-Domains noch der hierdurch in der Praxis hervorgerufene Markt für den Handel mit ihnen zur Zulässigkeit einer Zwangsvollstreckung. Denn Ersteres „bezieht sich (...) lediglich auf die Mitwirkung der DENIC eG bei der formalen Vornahme der Übertragung der Registrierung, enthält jedoch unter Berücksichtigung von § 2 Abs. 1 der DENIC-RB keinerlei Aussage zur materiellrechtlichen Zulässigkeit der Übertragung von Nutzungsrechten an einer registrierten Domain", und Letzteres sei nur als Nebenfolge und nicht als Zweck des bestehenden Vergabesystems anzusehen.

II. Literatur

Das Schrifttum spricht sich geschlossen für die generelle Zulässigkeit einer Zwangsvollstreckung in Domain-Namen aus.[24] Als Begründung hierfür wird in

---

22 *LG München I*, Beschluss vom 12.02.2001 – 20 T 19368/00 –, CR 2001, S. 342 ff. mit Anm. *Hanloser* = K&R 2001, S. 527 ff. = MMR 2001, S. 319 ff. mit Anm. *Welzel* = http://www.bonnanwalt.de/entscheidungen/LG-MuenchenI20T19368-00.html (01.10.2004).

23 Die Entscheidung geht nicht näher darauf ein, was sie aus diesem Vergleich ableitet.

24 *Schneider*, ZAP 1999, Fach 14, S. 355, 356 f.; *Geiger*, JurPC Web-Dok. 210/2000, http://www.jurpc.de/aufsatz/20000210.htm (01.10.2004); *Hanloser*, CR 2000, S. 703 f.; *ders.*, Rpfleger 2000, S. 525, 526 ff.; *ders.*, CR 2001, S. 344 f.; *ders.*, CR 2001, S. 456 ff.; *Plaß*, WRP 2000, S. 1077, 1081 ff.; *Schmittmann*, JurBüro 2000, S. 213, 214; *ders.*, JurBüro 2000, S. 596, 597; *Viefhues*, MMR 2000, S. 286 ff.; *Hartmann/Kloos*, CR 2001, S.

Anlehnung an das LG Essen[25] angeführt, dass Domains, die in der Praxis verkauft und versteigert würden, einen Geldwert inne hätten, so dass das im Wege ihrer Zuteilung durch die jeweilige Vergabestelle an ihnen entstandene Nutzungsrecht ein Vermögensrecht i.S.d. § 857 Abs. 1 ZPO darstelle.[26] Denn unter diesen Begriff würden Rechte jedweder Art fallen, „die einen Vermögenswert derart verkörpern, dass die Pfandverwertung zur Befriedigung des Geldanspruches des Gläubigers führen kann".[27] Für eine weitreichende und damit auch Internet-Domains erfassende Auslegung des Termini der „anderen Vermögensrechte" nach § 857 Abs. 1 ZPO spreche des Weiteren der Sinn und Zweck dieser Vorschrift, welcher darin bestehe, eine möglichst optimale Gläubigerbefriedigung zu gewährleisten.[28]

Darüber hinaus stehe der generellen Zulässigkeit einer Zwangsvollstreckung nicht § 851 Abs. 1 ZPO entgegen, der die Pfändbarkeit einer Forderung grundsätzlich von deren Übertragbarkeit abhängig mache, wobei dies sowohl in Bezug auf das existierende Vergabesystem von Domain-Namen als auch hinsichtlich des Kennzeichenrechts gelte. Zwar existiere durchaus die Möglichkeit, dass im Einzelfall eine Domain zumindest zeitweise nicht übertragbar sei, da diese entweder Kennzeichenschutz genieße oder für sie ein sog. „Dispute-Eintrag" bestehe. Bei Letzterem handelt es sich um die Möglichkeit eines Dritten, einer Domain-Vergabestelle glaubhaft zu machen, er habe an einer bereits bei dieser registrierten Internet-Domain ein „besseres" Recht als deren Inhaber, um hierdurch ihre Übertragbarkeit für die Dauer dieses Eintrags aussetzen zu lassen (vgl. § 2 Abs. 3, § 6 Abs. 2 S. 3 der DENIC-RB). Dies ändere jedoch nichts an der grundsätzlich bestehenden Übertragbarkeit eines Domain-Namens (vgl. § 6

469; *Hoffmann*, NJW-Beilage zu Heft 14/2001, S. 25 f.; *Lwowski/Dahm*, WM 2001, S. 1135, 1140 ff.; *Welzel*, MMR 2001, S. 131, 131 ff.; *ders.*, MMR 2001, S. 321 ff.; *Berger*, Rpfleger 2002, S. 181 ff.; *Kleespies*, GRUR 2002, S. 764, 767 ff.; *Stickelbrock* in *Böckenförde*, WRP 2002, S. 742, 742 = JurPC Web-Dok. 331/2002, Abs. 5, http://www.jurpc.de/aufsatz/20020331.htm (01.10.2004); *Stöber* in *Zöller*, § 857 Rn. 12 c.

25 Siehe S. 10.

26 *Viefhues*, MMR 2000, S. 286, 287; *Lwowski/Dahm*, WM 2001, S. 1135, 1140; *Stöber* in *Zöller*, § 857 Rn. 12 c.

27 *Stöber* in *Zöller*, § 857 Rn. 2.

28 *Hanloser*, Rpfleger 2000, S. 525, 527.

Abs. 2 der DENIC-RB).[29] Aber selbst dann, wenn man der Ansicht wäre, dass Domains nicht übertragbar seien, würde dies nicht zwangsläufig gem. § 851 Abs. 1 ZPO zu deren Unpfändbarkeit führen. Denn zu dieser Vorschrift enthalte das Gesetz in § 851 Abs. 2 ZPO und § 857 Abs. 3 ZPO Ausnahmeregelungen, die ebenso eine Pfändung von nicht übertragbaren bzw. unveräußerlichen Rechten gestatten würden. Zwar sei § 851 Abs. 2 ZPO bzgl. einer Internet-Domain nicht einschlägig, da diese sich nicht, wie gefordert, auf einen seinerseits pfändbaren Gegenstand beziehe. Anders sei dies jedoch bei § 857 Abs. 3 ZPO, der dann eingreife, wenn die Ausübung des betreffenden Rechts einem Dritten überlassen werden könne. Dies sei bei Domain-Namen der Fall, was die übliche Praxis der sog. „Domain-Vermietung" zeige, bei der die vermietete Domain auf die Website des jeweiligen Mieters verweise.[30]

Zu guter Letzt spreche für die generelle Zulässigkeit einer Domain-Pfändung eine isolierte Betrachtung der einzelnen Teilansprüche eines Domain-Vertrages, die in ihrer Gesamtheit die Domain als solche ausmachen würden und denen im Wesentlichen werk- und dienstvertraglicher Charakter zukomme.[31] Denn zum einen seien Ansprüche auf werkvertragliche Arbeitsleistungen anerkanntermaßen nach § 857 Abs. 1 ZPO pfändbar,[32] so dass dies gleichermaßen für die diesbezüglichen Teilansprüche des Registrierungsvertrages gelten müsse. Zum anderen ordne § 613 S. 2 BGB zwar an, dass Ansprüche auf Dienstleistungen „im Zweifel" nicht übertragbar und damit i.V.m. § 851 Abs. 1 ZPO gleichfalls nicht pfändbar seien. Dieser Grundsatz gelte jedoch nur, wenn und soweit sich nicht aus einer vertraglichen Vereinbarung oder den Umständen des Einzelfalles etwas anderes ergebe.[33] Eine solche anderweitige Vereinbarung liege bei einem Domain-Vertrag vor, der ausdrücklich die grundsätzliche Übertragbarkeit eines Domain-Namens vorsehe (vgl. § 6 Abs. 2 der DENIC-RB). Da somit alle Teil-

---

29 *Plaß*, WRP 2000, S. 1077, 1081 ff.; siehe zur alten Rechtslage vor Änderung der DENIC-RB und der DENIC-RR *Hanloser*, CR 2000, S. 703, 704; *ders.*, CR 2001, S. 456, 458.

30 Vgl. *Hanloser*, Rpfleger 2000, S. 525, 528.

31 Vgl. S. 93 ff.

32 *Brehm* in *Stein/Jonas*, 21. Aufl., § 857 II Rn. 79; *Stöber* in *Zöller*, § 857 Rn. 2.

33 *Brehm* in *Stein/Jonas*, 21. Aufl., § 851 II Rn. 9.

ansprüche eines Registrierungsvertrages isoliert pfändbar seien, müsse dies gleichermaßen für ihre Gesamtheit in Form einer Internet-Domain gelten.[34]

III. Stellungnahme

Die Argumente des LG München I, welches die generelle Zulässigkeit einer Zwangsvollstreckung in Domains ablehnt, überzeugen im Ergebnis nicht. Zwar trifft es durchaus zu, dass für Internet-Domains eine § 29 Abs. 1 Nr. 2 MarkenG bzw. § 15 PatG entsprechende und eine Zwangsvollstreckung ausdrücklich ermöglichende gesetzliche Vorschrift nicht existiert.[35] Hieraus jedoch den Umkehrschluss zu ziehen, das Gesetz spreche sich indirekt gegen eine Zwangsvollstreckung in Domain-Namen aus, vermag allein deshalb nicht zu überzeugen, weil bis auf wenige Ausnahmen (z.B. in Gestalt des Teledienstgesetzes[36]) das gesamte Internet- bzw. Online-Recht (noch) nicht kodifiziert ist, so dass man hier nicht von einer planmäßigen Regelungslücke des Gesetzgebers sprechen kann.

Das des Weiteren gegen eine Zwangsvollstreckung in Internet-Domains angeführte Argument, das Gesetz ordne bei Domains im Gegensatz zu pfändbaren Marken und Patentrechten kein vorgeschaltetes Prüfungsverfahren an,[37] vermag gleichfalls nicht zu überzeugen. Dies wäre nur dann anders, wenn gegenüber dem bloßen Prioritätsprinzip bei der Domain-Vergabe in den Vorverfahren für die Erteilung von Marken und Patentrechten sichergestellt würde, dass durch diese keine Kennzeichenrechte Dritter verletzt werden. Denn dann wäre bei einer Pfändung von Marken oder Patentrechten, anders als bei einer solchen von Domains, ausgeschlossen, dass durch das Objekt der Zwangsvollstreckung möglicherweise Kennzeichenrechte Dritter beeinträchtigt werden. Dies wiederum würde eine unterschiedliche Behandlung von Marken und Patentrechten einerseits und Internet-Domains andererseits im Rahmen des Vollstreckungsrechts rechtfertigen. Jedoch wird grundsätzlich selbst bei Marken (Ausnahme: §

---

34 *Welzel*, MMR 2001, S. 131, 132 f.

35 Siehe S. 11.

36 Gesetz über die Nutzung von Telediensten vom 22.07.1997, BGBl. 1997, Teil I, S. 1870 ff.

37 Siehe S. 11.

37 Abs. 1 und 4 MarkenG i.V.m. § 10 MarkenG) und Patentrechten das Entgegenstehen von Kennzeichenrechten Dritter nicht schon im vorgeschalteten Prüfungsverfahren, sondern stattdessen erst in einem ggf. später beantragten Widerspruchs- (§ 42 MarkenG), Nichtigkeits- (§ 51 MarkenG) oder Einspruchsverfahren (§ 59 PatG) überprüft.[38] Somit geht dieses Argument des LG München I im Ergebnis ins Leere.

Nichts anderes gilt gleichfalls für die Argumentation, dass weder die für „de-Domains" in § 6 Abs. 2 der DENIC-RB festgelegte Übertragbarkeit von Domains noch der hierdurch in der Praxis hervorgerufene Markt für den Handel mit ihnen zur Zulässigkeit einer Domain-Pfändung führe. Denn Ersteres enthalte keinerlei Aussage über die materiellrechtliche Zulässigkeit der Übertragung, sondern beziehe sich lediglich auf die formelle Mitwirkung der DENIC eG und Letzteres stelle nicht den Zweck, sondern eine bloße Nebenfolge des bestehenden Vergabesystems dar.[39] Beides vermag nicht zu überzeugen. Der Einwand, § 6 Abs. 2 der DENIC-RB weise keinen materiellrechtlichen Gehalt auf, trifft nicht zu. Denn eine unter formeller Mitwirkung der Vergabestelle durchgeführte Domain-Übertragung führt dazu, dass der Erwerber von diesem Zeitpunkt an Inhaber der Domain und damit der an ihr „materiell Berechtigte" ist (vgl. III. der DENIC-RR). Mithin betrifft § 6 Abs. 2 der DENIC-RB i.V.m. III. der DENIC-RR sehr wohl das materielle Recht. Der des Weiteren vorgenommene Verweis darauf, dass allein der in der Praxis bereits bestehende Domain-Handel im Hinblick auf § 851 Abs. 1 ZPO noch nicht zur Zulässigkeit einer Domain-Pfändung führe, ist zwar korrekt. Jedoch ergibt sich hieraus genauso wenig ein Argument gegen die generelle Zulässigkeit einer Zwangsvollstreckung in Domain-Namen.

Auf der anderen Seite spricht für die Zulässigkeit einer Domain-Pfändung das legitime Interesse des Vollstreckungsgläubigers, sich durch Zugriff auf das Schuldnervermögen hinsichtlich der ihm zustehenden Forderungen zu befriedigen. Denn insbes. Internet-Domains, die Gattungsbezeichnungen als Second-Level-Domain beinhalten (z.B. „http://www.autos.de"), können mittlerweile einen nicht unerheblichen Vermögenswert darstellen.[40] Somit hat der Gläubiger

---

[38] *Hanloser*, CR 2001, S. 344, 344; *Welzel*, MMR 2001, S. 321, 323.
[39] Siehe S. 11.
[40] Siehe S. 1.

durchaus ein nachvollziehbares Interesse daran, bzgl. seiner titulierten Ansprüche zumindest prinzipiell auch auf dieses Wirtschaftsgut zugreifen zu können.

Allerdings könnte das Kennzeichenrecht der generellen Zulässigkeit einer Zwangsvollstreckung in Internet-Domains entgegenstehen. Dies wäre dann der Fall, wenn es sich bei Domains ihrer Rechtsnatur nach um Namen gem. § 12 S. 1 BGB oder geschäftliche Bezeichnungen nach § 1 Nr. 2, § 5 MarkenG handeln würde. Denn im Gegensatz zu Marken i.S.d. § 1 Nr. 1, § 3 Abs. 1 MarkenG, in die gem. § 29 Abs. 1 Nr. 2 MarkenG eine Zwangsvollstreckung betrieben werden kann,[41] sind grundsätzlich weder Namen[42] noch geschäftliche Bezeichnungen (isoliert) übertragbar,[43] so dass nach § 851 Abs. 1 ZPO prinzipiell auch eine Zwangsvollstreckung in sie nicht möglich ist.[44]

Demnach ist es für die Beantwortung der Frage nach der generellen Zulässigkeit einer Zwangsvollstreckung in Internet-Domains unerlässlich, ihre exakte Rechtsnatur herauszuarbeiten. Denn wenn es sich bei Domains um Namen gem. § 12 S. 1 BGB oder geschäftliche Bezeichnungen nach § 1 Nr. 2, § 5 MarkenG handeln würde, wäre grundsätzlich eine Zwangsvollstreckung in sie von vornherein ausgeschlossen. Aus diesem Grunde soll im Folgenden ermittelt werden, um was es sich bei Domains im rechtlichen Sinne handelt.

---

41 Siehe auch *Klaka* in *Ströbele/Klaka*, § 29 Rn. 6 f.

42 *RG*, Urteil vom 21.09.1915 – II 95/15 –, RGZ 87, S. 147, 149; *dass.*, Urteil vom 27.01.1921 – IV 352/20 –, JW 1921, S. 824, 825; *BGH*, Urteil vom 26.02.1960 – I ZR 159/58 –, BGHZ 32, S. 103, 111 = NJW 1960, S. 1008, 1010; *ders.*, Urteil vom 23.09.1992 – I ZR 251/90 –, BGHZ 119, S. 237, 240; *Krüger-Nieland* in RGRK, § 12 Rn. 2; *Weick/Habermann* in *Staudinger*, § 12 Rn. 42 ff.; *H. P. Westermann* in *Erman*, § 12 Rn. 30; *Schwerdtner* in Münchener Kommentar zum BGB, § 12 Rn. 126 ff.; *Heinrichs* in *Palandt*, § 12 Rn. 14 ff.; kritisch *Forkel*, GRUR 1988, S. 491, 491 ff.; *ders.*, NJW 1993, S. 3181, 3182; *Klippel*, JR 1994, S. 239, 241.

43 *Ingerl/Rohnke*, vor §§ 27-31 Rn. 7; *Klaka* in *Ströbele/Klaka*, § 5 Rn. 74 f., § 27 Rn. 5 f., § 29 Rn. 3; *Fezer*, § 27 MarkenG Rn. 12.

44 Beachte jedoch sowohl die Diskussion darüber, ob die Unübertragbarkeit von Namen für einige der unter § 12 BGB fallenden Rechtspositionen ausnahmsweise nicht gelten soll, u.a. dargestellt bei *Schwerdtner* in Münchener Kommentar zum BGB, § 12 Rn. 126 ff., als auch diejenige über eine analoge Anwendung der §§ 27-31 MarkenG auf geschäftliche Bezeichnungen (siehe S. 101 f.).

IV. Rechtsnatur von Internet-Domains

1. Technische Betrachtung

Bevor man sich jedoch der Frage nach der Rechtsnatur von Domain-Namen zuwenden kann, muss man sich zunächst einmal vor Augen führen, was eine Internet-Domain im außerrechtlichen, d.h. technischen Sinne ist. Zu diesem Zwecke erscheint ein Vergleich mit der Kommunikation via Telefon hilfreich. Denn genau wie bei den Anschlüssen eines Telefonnetzes, welche jeweils mit einmaligen Telefonnummern versehen sind, verfügt ebenso jeder über das Internet erreichbare Computer über eine eigene Ziffernfolge, die sog. „Internet Protocol Address" (IP-Adresse). Bei dieser handelt es sich um einen numerischen Code, der aus vier, durch Punkte voneinander getrennten Zahlenblöcken von 0 bis 255 besteht (z.B. „124.33.196.81") und den miteinander vernetzten Rechnern zur gegenseitigen Identifizierung dient.[45] Wollte man also Zugriff auf Daten nehmen, die von einem bestimmten Computer ins Internet eingespeist werden, so müsste man zur Herstellung der dafür erforderlichen Netzwerkverbindung eigentlich die IP-Adresse dieses Rechners kennen, um ihn von allen anderen im Netz befindlichen Computern unterscheiden zu können. Auf Grund der Tatsache, dass es jedoch erhebliche Schwierigkeiten bereitet, solche Zahlenfolgen im Gedächtnis zu behalten, wurde zu Beginn der neunziger Jahre das heutige Domain-Namen-System eingeführt. Im Prinzip wird hierbei jeder IP-Nummer eine bestimmte Domain, wie bspw. „http://www.ruhr-uni-bochum.de", zugeordnet und auf einem sog. „Primary Nameserver" abgespeichert. Kommt es nun dazu, dass im „Eingabe-" bzw. „Universal Resource Locator-Feld" (URL-Feld) eines Softwareprogramms, mit welchem die Informationssuche im Internet möglich ist („Client" oder „Browser"), ein Domain-Name angegeben wird, so übersetzt der Nameserver diese in die dazugehörige IP-Adresse und ermöglicht so die Verbindung mit dem gewünschten Computer. Zu beachten ist hierbei insbes., dass jede Internet-Domain, bei der es sich also um eine Art von Wegbeschreibung zu einem bestimmten Rechner handelt, nur ein einziges Mal vergeben werden kann, da ansonsten die eindeutige Zuordnung einer Domain zu einer be-

---

45 *Erd*, KJ 2000, S. 107, 110.

stimmten IP-Adresse und mithin zu einem bestimmten Adressatenrechner nicht möglich wäre.[46]

Was den Aufbau eines Domain-Namens anbelangt, so gilt hierbei folgendes hierarchische System: An der Spitze stehen die sog. *„Top-Level-Domains"*, welche sich bei einer Internet-Domain ganz rechts befinden. Diese kennzeichnen, zumindest was ihren ursprünglichen Zweck anbelangt, entweder, welcher Gruppe von Internetnutzern der betreffende Domain-Inhaber angehört („generische Top-Level-Domains"), oder aber, welche nationale Organisation die Domain vergeben hat („geografische Top-Level-Domains"), wobei sich Letztere an den „ISO 3166 country codes"[47] orientieren.[48] Ein Bsp. für eine generische Top-Level-Domain ist „.com" für kommerzielle Anbieter und ein solches für eine geographische Top-Level-Domain „.de" für Domain-Namen, die bei dem „Deutschen Network Information Center" (DENIC eG) in Frankfurt am Main[49] registriert wurden. Die nächste Ebene bilden die *„Second-Level-Domains"*, als welche die Bestandteile einer Internet-Domain bezeichnet werden, die sich durch einen Punkt von diesen getrennt, links von den Top-Level-Domains befinden. Diese können für den Fall, dass sie noch nicht vergeben sind, frei gewählt werden, individualisieren eine Internet-Domain gegenüber allen sonstigen Domain-Namen und stellen demzufolge die primären Namensbestandteile einer Domain dar (z.B. „ruhr-uni-bochum" von „http://www.ruhr-uni-bochum.de").[50] Wird nun dieser prinzipiell frei wählbare Teil einer Domain noch weiter durch Punkte untergliedert, so bezeichnet man die hierdurch links von der Second-Level-Domain entstehenden Unterteilungen, von rechts nach links zählend, als *„Third-Level-Domains"*, *„Fourth-Level-Domains"* usw. (fiktives Bsp.: „http://www.fourth-level-domain.third-level-domain.ruhr-uni-bochum.de"), wobei diese unterhalb von Second-Level-Domains liegenden Domain-Ebenen unter dem Oberbegriff der „Subdomains" zusammengefasst werden.[51] Schließlich beinhaltet eine Internet-Domain noch ganz links die Angabe des technischen Über-

---

[46] *Welzel*, MMR 2001, S. 131, 131.

[47] http://www.iso.org/iso/en/prods-services/iso3166ma/02iso-3166-code-lists/list-en1.html (01.10.2004).

[48] *Erd*, KJ 2000, S. 107, 110.

[49] http://www.denic.de (01.10.2004).

[50] *Erd*, KJ 2000, S. 107, 110.

[51] *Nordemann*, NJW 1997, S. 1891, 1892.

tragungsprotokolls, zumeist „http://" als Abkürzung für „Hypertext Transfer Protocol",[52] und rechts hiervon einen Hinweis auf den jeweiligen Netzdienst, üblicherweise „www" als Kürzel für „World Wide Web".[53]

2. Rechtliche Betrachtung

Gestützt auf diese technischen Grundlagen soll im Folgenden geklärt werden, um was es sich bei Domain-Namen im rechtlichen Sinne handelt, d.h. welche Rechtsnatur ihnen zukommt.

a) Internet-Domains als Kennzeichen

Bei Domains könnte es sich um Namen i.S.d. § 12 S. 1 BGB, Marken nach § 1 Nr. 1, § 3 Abs. 1 MarkenG oder geschäftliche Bezeichnungen gem. § 1 Nr. 2, § 5 MarkenG handeln. Bevor man sich jedoch der Beantwortung dieser Frage zuwenden kann, ist es notwendig, das sowohl in der Rechtsprechung als auch in der Literatur bereits ausführlich diskutierte Problem darzustellen, ob Internet-Domains Kennzeichenrechte Dritter verletzen und dadurch Unterlassungsansprüche der Betroffenen begründen können. Denn vielfach werden aus den hierzu vertretenen Auffassungen samt den dazugehörigen Argumentationen ebenfalls Rückschlüsse darauf gezogen, ob es sich bei Domain-Namen selbst um Kennzeichen handelt.

aa) Verletzung von Kennzeichenrechten Dritter durch Internet-Domains

aaa) Rechtsprechung

Die Judikatur hat sich bereits in einer Vielzahl von Entscheidungen mit der Fragestellung auseinandergesetzt, ob durch Domains Kennzeichenrechte Dritter verletzt werden können.[54] Die diesbezüglich vertretenen Ansichten sollen im Folgenden anhand einiger exemplarischer Urteile und Beschlüsse dargestellt werden.

---

52 *Bettinger*, GRUR Int. 1997, S. 402, 404.
53 Siehe S. 6.
54 Überblick bei *Ernst*, MMR 2001, S. 368, 370 f. und *Fezer*, § 3 MarkenG Rn. 359 ff.

(1) Verletzung von Namensrechten Dritter gem. § 12 BGB

Die Frage, ob Domains Namensrechte Dritter gem. § 12 BGB verletzen können, kam erstmals auf, als sich Privatpersonen auf Städte- bzw. Gemeindenamen lautende Internet-Domains registrieren ließen und die betroffenen Kommunen hiergegen gerichtlich vorgingen. In diesen Fällen kam als Anspruchsgrundlage für mögliche Unterlassungsansprüche der Gemeinden allein § 12 BGB in Betracht, da sich diese hinsichtlich ihres Namens nicht auf den gewerblichen Kennzeichenschutz des MarkenG berufen können.[55]

(a) LG Mannheim – „heidelberg.de"[56]

In der ersten deutschen Gerichtsentscheidung aus dem Bereich der Domain-Namen überhaupt sprach das LG Mannheim der Stadt Heidelberg einen Anspruch gem. § 12 S. 2 BGB gegen ein privates Unternehmen zu, die weitere Benutzung der Internet-Domain „http://www.heidelberg.de" zu unterlassen. Begründet wurde die hierfür erforderliche Verletzung des Namensrechts der klagenden Gemeinde damit, dass eine Domain die klassische Funktion eines Namens i.S.d. § 12 S. 1 BGB, nämlich die Unterscheidung einer bestimmten Person oder Einrichtung von anderen Personen oder Einrichtungen erfülle und mithin die Verwendung eines Namens innerhalb einer Internet-Domain einen „namensmäßigen Gebrauch" im Sinne dieser Vorschrift darstelle. Darüber hinaus seien im betreffenden Fall, in dem das beklagte Unternehmen unter der umstrittenen Domain eine Datenbank mit Informationen über die Rhein-Neckar-Region anbot, Interessen der Stadt Heidelberg verletzt. Denn ein nicht unerheblicher Teil der Internet-Benutzer würde unter diesem Domain-Namen nicht nur Informationen „über" die Stadt Heidelberg, sondern auch solche „von" der Stadt Heidelberg erwarten und somit die Domain mit dieser Kommune in Verbindung bringen.

---

[55] Siehe S. 54 ff. und 72 ff.

[56] Urteil vom 08.03.1996 – 7 O 60/96 –, BB 1996, S. 2484 f. = CR 1996, S. 353 ff. mit Anm. *Hoeren* = NJW 1996, S. 2736 f. = ZUM 1996, S. 705 ff. mit Anm. *Flechsig* = GRUR 1997, S. 377 ff. = http://www.online-recht.de/vorent.html?LGMannheim960308+ref=Kennzeichenrecht (01.10.2004).

(b) LG Braunschweig – „braunschweig.de“[57]

Mit der gleichen Argumentation gewährte das LG Braunschweig in einem ähnlich gelagerten Fall der Stadt Braunschweig einen Unterlassungsanspruch gem. § 12 S. 2 BGB gegen eine Privatperson bzgl. des Domain-Namens „http://www.braunschweig.de“, wobei es noch ausdrücklich auf die vom Namensschutz dieser Vorschrift umfasste, sog. „Zuordnungsverwirrung“ hinwies. Diese betreffe Fälle wie den vorliegenden, in denen durch eine Namensnennung eine in Wirklichkeit nicht bestehende Verbindung zwischen dem jeweiligen Namensträger einerseits und fremden Produkten oder Unternehmen andererseits suggeriert werde.

(c) LG Lüneburg – „celle.de“ bzw. „celle.com“[58]

Ebenso erkannte das LG Lüneburg auf einen Unterlassungsanspruch der Stadt Celle gegen ein Privatunternehmen nach § 12 S. 2 i.V.m. § 1004 Abs. 1 BGB im Hinblick auf die Domain „http://www.celle.de“ bzw. „http://www.celle.com“. Hierbei stützte es einen solchen Anspruch zusätzlich darauf, dass die Verletzung eines Namensrechts bereits dann zu bejahen sei, wenn der unrichtige Eindruck im Rechtsverkehr hervorgerufen werde, der Namensträger habe der Verwendung seines Namens zugestimmt. Darüber hinaus führte das Gericht aus, dass es auf die Frage, ob bereits die (zum damaligen Zeitpunkt bei der DENIC eG noch mögliche) bloße Reservierung eines Domain-Namens einen namensmäßigen Gebrauch i.S.d. § 12 S. 1 BGB darstellt, nicht ankomme, da hierdurch zumindest eine spätere Benutzung des Namens vorbereitet werde und mithin eine Beeinträchtigung des Namensrechts unmittelbar bevorstehe. Zu beachten ist jedoch, dass in der Berufungsinstanz das OLG Celle[59] bzgl. der Internet-Domain „http://www.celle.com“ anmerkte, dass es wegen des „Suffixes“, sprich der ge-

---

[57] Urteil vom 28.01.1997 – 9 O 450/96 –, CR 1997, S. 414 f. = NJW 1997, S. 2687 f. = http://www.online-recht.de/vorent.html?LGBraunschweig970128+ref=Kennzeichenrecht (01.10.2004).

[58] Urteil vom 29.01.1997 – 3 O 336/96 –, CR 1997, S. 288 ff. mit Anm. *Strömer* = GRUR 1997, S. 470 ff. = http://www.online-recht.de/vorent.html?LGLueneburg970129+ref=Kennzeichenrecht (01.10.2004).

[59] Beschluss vom 21.03.1997 – 13 U 202/96 –, http://www.online-recht.de/vorent.html?OLGCelle970321+ref=Kennzeichenrecht (01.10.2004).

nerischen Top-Level-Domain „.com“, eher zweifelhaft sei, ob die Verwendung dieser Domain einen Namensgebrauch darstelle.

(d) LG Hamburg – „fehmarn.de“[60]

Bzgl. der Domain „http://www.fehmarn.de“ kam das LG Hamburg ebenfalls zu einem namensmäßigen Gebrauch und mithin zu einem Anspruch aus § 12 S. 2 BGB, wobei es darüber hinaus dem Antragsgegner noch zusätzlich aufgab, die Internet-Domain beim entsprechenden Service-Provider, sprich der DENIC eG, abzumelden.

(e) OLG Köln – „herzogenrath.de“[61] *und „alsdorf.de“*[62]

Ebenso sprach das OLG Köln den Städten Herzogenrath und Alsdorf Unterlassungsansprüche gem. § 12 S. 2 BGB gegen eine Privatperson zu, die unter dem Domain-Namen „http://www.herzogenrath.de“ bzw. „http://www.alsdorf.de“ dort ansässigen Unternehmen die Einrichtung von Third-Level-Domains[63] offerierte. Hierbei begründete es den unbefugten Namensgebrauch damit, dass ein Namensrecht im Sinne dieser Vorschrift das Recht auf den ausschließlichen Gebrauch desselben gegenüber jedem enthalte, der nicht ebenfalls ein Recht auf diesen Namen habe, was in den vorliegenden Fällen nicht gegeben war. Darüber hinaus bräuchten sich die Städte Herzogenrath und Alsdorf vom Beklagten nicht darauf verweisen zu lassen, sie könnten sich eine eigene Domain mit dem Zusatz „Stadt“ registrieren lassen und sich hierunter im Internet präsentieren. Denn es entspreche sowohl dem allgemeinen Sprachgebrauch als auch dem Interesse der regionalen Nutzer solcher Internetseiten als dem durch sie angesprochenen Verkehrskreis, durch die schlichte Eingabe eines Städtenamens als Second-Level-Domain unmittelbar auf die Website der entsprechenden Stadtverwaltung zu

---

[60] Beschluss vom 27.05.1997 – 322 O 218/97 –, http://www.netlaw.de/urteile/lghh_20.htm (01.10.2004).

[61] Beschluss vom 18.12.1998 – 13 W 48/98 –, CR 1999, S. 385 ff. mit Anm. *Biere* = MMR 1999, S. 556 = NJW-CoR 1999, S. 246 = NJW-RR 1999, S. 622 f. = http://www.netlaw.de/urteile/olgk_01.htm (01.10.2004).

[62] Beschluss vom 18.01.1999 – 13 W 1/99 –, JurPC Web-Dok. 122/1999, http://www.jurpc.de/rechtspr/19990122.htm (01.10.2004).

[63] Siehe S. 18.

gelangen. Schließlich ändere auch der Umstand, dass der Beklagte anbiete, auf der unter „http://www.herzogenrath.de" bzw. „http://www.alsdorf.de" erscheinenden Seite u.a. einen Hyperlink, dass heißt einen direkten Querverweis, zur Internetseite der jeweiligen Stadtverwaltung einzurichten, nichts an der schon in der isolierten Benutzung des betreffenden Städtenamens für die eigene Website liegenden Namensanmaßung.

(f) OLG Karlsruhe – „badwildbach.com"[64]

Auch das OLG Karlsruhe gewährte in seiner „badwildbach.com"-Entscheidung der Gemeinde Badwildbach einen Unterlassungsanspruch nach § 12 S. 2, § 1004 BGB gegen den Inhaber der betreffenden Internet-Domain. In diesem Zusammenhang wies es darauf hin, dass eine hierfür erforderliche Zuordnungsverwirrung nicht deshalb ausscheide, weil der betreffende Domain-Name unterhalb der Top-Level-Domain „.com" betrieben werde, da dieser Bestandteil im Gegensatz zur Second-Level-Domain nicht über eine namensmäßige Kennzeichnungskraft verfüge. Zwar deute er auf einen kommerziellen Anbieter hin. Jedoch sei weder jedem Internet-Nutzer die Bedeutung dieser generischen Top-Level-Domain bekannt noch seien nicht kommerziell handelnde Personen daran gehindert, unterhalb dieses Suffixes Informationen im Internet anzubieten.

(g) OLG Brandenburg – „luckau.de"[65]

Ebenfalls zu einem Anspruch auf Unterlassung des Betreibens einer auf einen Gemeindenamen lautenden Internet-Domain („http://www.luckau.de") gem. § 12 S. 2 BGB gelangte das OLG Brandenburg, wobei es die Verletzung des Namensrechts der betreffenden Gemeinde noch zusätzlich auf den objektiven Empfängerhorizont stützte, nach welchem ein durchschnittlicher Internet-Nutzer bei Eingabe eines Domain-Namens eine mit ihm in Zusammenhang stehende Offerte eines konkreten Anbieters erwarten würde.

---

[64] Urteil vom 09.06.1999 – 6 U 62/99 –, CR 1999, S. 783 ff. = K&R 1999, S. 423 f. = MMR 1999, S. 604 f. = http://www.online-recht.de/vorent.html?OLGKarlsruhe990609+ref=Kennzeichenrecht (01.10.2004).

[65] Urteil vom 12.04.2000 – 1 U 25/99 –, K&R 2000, S. 406 ff. mit Anm. *Gnielinski* = MMR 2001, S. 174 f.

(h) AG Ludwigsburg – „muenchingen.de“[66]

Ebenso erkannte das AG Ludwigsburg auf einen Unterlassungsanspruch gem. § 12 S. 2 BGB der Stadt Korntal-Münchingen gegen die Verwendung der Domain „http://www.muenchingen.de“ durch eine Privatperson. Es führte diesbezüglich aus, dass, selbst wenn es sich bei Münchingen lediglich um einen Ortsteil der Stadt Korntal-Münchingen handele, diese Bezeichnung gleichwohl dem Namensschutz des § 12 BGB unterfalle. Denn hierbei handele es sich um eine gebräuchliche, schlagwortartige Abkürzung im Hinblick auf eine Abgrenzung der Ortsteile Münchingen und Korntal voneinander, so dass diesem Namensteil eine individualisierende Eigenart und mithin eine namensmäßige Unterscheidungskraft zukomme.

(i) LG Augsburg – „boos.de“[67]

Dass jedoch eine Kommune nicht immer von einer Privatperson nach § 12 S. 2 BGB verlangen kann, die Verwendung einer auf den Gemeindenamen lautenden Domain zu unterlassen, zeigt eine Entscheidung des LG Augsburg. Hierin verneinte das Gericht einen solchen Unterlassungsanspruch und begründete dies damit, dass zum einen der beklagten GmbH ein eigenes Recht am umstrittenen Namen zustehe, da dieser dem Familiennamen ihres Geschäftsführers entspreche. Zum anderen handele es sich bei der klagenden Gebietskörperschaft um eine relativ kleine Gemeinde, deren Name nicht vergleichbar sei mit Begriffen von überragender Bedeutung wie bspw. „Heidelberg“.

(j) LG Deggendorf – „winzer.de“[68]

Gleichermaßen verwehrte das LG Deggendorf einer niederbayrischen Kommune namens „Winzer“ einen Unterlassungsanspruch gem. § 12 S. 2 BGB gegen den Betreiber einer gleichnamigen Internet-Domain. Die zuständige Kammer begründete ihre Entscheidung jedoch nicht wie im vorherigen Fall damit, dass die

---

[66] Urteil vom 24.05.2000 – 9 C 612/00 –, JurPC Web-Dok. 15/2001, http://www.jurpc.de/rechtspr/20010015.htm (01.10.2004).

[67] Urteil vom 15.11.2000 – 6 O 3536/00 –, MMR 2001, S. 243.

[68] Urteil vom 14.12.2000 – 1 O 480/00 –, CR 2001, S. 266 ff.

betreffende Gebietskörperschaft nicht groß genug sei, damit ihrem Namen eine hinreichende und damit schutzwürdige Bedeutung zukomme. Vielmehr sei hierbei die Besonderheit entscheidend, dass der umstrittene Gemeindename gleichzeitig einen Gattungsbegriff, nämlich die Berufsbezeichnung für einen Weinbauern, darstelle. In einem solchen Falle müsse darauf abgestellt werden, was der überwiegende Teil der Internet-Nutzer aus dem gesamten Sprachraum der betreffenden Top-Level-Domain unter dem Begriff, der als Second-Level-Domain verwendet werde, verstehe. Dies auf den vorliegenden Fall angewendet kam das Gericht zu dem Ergebnis, dass der als Maßstab heranzuziehende deutschsprachige Raum mit „Winzer“ eher die Berufsbezeichnung denn die bayrische Kommune assoziieren würde, so dass keine Identitäts- und Zuordnungsverwirrung und mithin kein unbefugter Gebrauch eines Namens i.S.d. § 12 S. 1 BGB vorliege.

(k) LG Duisburg – „kamplintfort.cty.de“[69]

Eine von den bisher geschilderten Fällen abweichende Sachlage hatte das LG Duisburg zu entscheiden. In dem zu Grunde liegenden Fall ging es um ein privates Unternehmen, welches sich den Domain-Namen „http://www.cty.de“ registrieren ließ, auf diverse Städte- und Gemeindenamen Deutschlands lautende Third-Level-Domains[70] einrichtete (u.a. „http://www.kamplintfort.cty.de“) und unter diesen selbständigen Domains jeweils eigene Internetseiten mit Informationen über die betreffenden Kommunen anbot. Somit hatte sich das Gericht, abweichend von den bisher entschiedenen Fällen, erstmals mit der Frage zu beschäftigen, ob auch die Verwendung eines Städtenamens durch einen Dritten als Third-Level-Domain einen Unterlassungsanspruch gem. § 12 S. 2 BGB begründen kann.

Die Kammer bejahte dies, wobei sie als Begründung ausführte, dass die unter einer Third-Level-Domain angelegte Internetseite direkt, d.h. ohne vorheriges Anwählen derjenigen Seite, welche sich unter der entsprechenden Second-Level-Domain (vorliegend „http://www.cty.de“) befindet, aufgerufen werden

---

[69] Urteil vom 02.12.1999 – 8 O 219/99 –, MMR 2000, S. 168 ff. = http://www.netlaw.de/urteile/lgdu_01.htm (01.10.2004).

[70] Siehe S. 18.

könne. Darüber hinaus seien beide Websites auf anderen Servern abgespeichert, bei welchen es sich um Speichermedien handelt, die Informationen ins Internet einspeisen. Schließlich würden Third-Level-Domains, genau wie Second-Level-Domains, zwar auf den ersten Blick nur verschiedene Server, auf den zweiten jedoch ferner verschiedene Internet-Anbieter voneinander abgrenzen und damit die Anforderungen für einen namensmäßigen Gebrauch i.S.d. § 12 S. 1 BGB erfüllen.

(l) LG Köln – „kerpen.de"[71]*, „huerth.de"*[72] *und „pulheim.de"*[73]

Den Gegenpol zur bisher dargestellten Rechtsprechung bilden drei Entscheidungen der 3. Zivilkammer des LG Köln. Die Kammer vertrat hierin die Auffassung, dass die Verwendung eines Städtenamens als Second-Level-Domain durch einen anderen als die Stadt selbst keinen namensmäßigen Gebrauch i.S.d. § 12 S. 1 BGB darstelle und mithin keinen Unterlassungsanspruch der betroffenen Gemeinde nach S. 2 dieser Vorschrift begründen könne. Eine derartige Rechtswirkung komme allenfalls dann in Betracht, wenn ein Internet-Nutzer in der Verwendung der als Domain-Namen gewählten Buchstabenkombination einen verbindlichen Hinweis auf die Person des Namensträgers, vorliegend also auf die betreffende Kommune, sehen müsse. Dies sei jedoch nicht der Fall, da die Zahlen- und Buchstabenkombinationen von Second-Level-Domains frei wählbar seien und kein erkennbarer Zusammenhang mit dem Namen des jeweiligen Verwenders bestehen müsse. Daher seien sie mit Telefonnummern, Bank- oder Postleitzahlen vergleichbar, welchen anerkanntermaßen keine Namensfunktion i.S.d. § 12 BGB zukomme. An dieser Einschätzung ändere auch die Tatsache nichts, dass in der Praxis die frei wählbaren Buchstabenkombinationen durchaus als Kennzeichnungselemente verwendet würden, oftmals im Zusammenhang mit dem Namen und der Funktion des jeweiligen Benutzers stünden und häufig eine

---

71 Urteil vom 17.12.1996 – 3 O 477/96 –, BB 1997, S. 1121 mit Anm. *Zahrnt* = http://www.online-recht.de/vorent.html?LGKoeln961217b+ref=Kennzeichenrecht (01.10.2004).

72 Urteil vom 17.12.1996 – 3 O 478/96 –, GRUR 1997, S. 377 = http://www.online-recht.de/vorent.html?LGKoeln961217a+ref=Kennzeichenrecht (01.10.2004).

73 Beschluss vom 17.12.1996 – 3 O 507/96 –, CR 1997, S. 291 f. = NJW-RR 1998, S. 976 = http://www.online-recht.de/vorent.html?LGKoeln961217+ref=Kennzeichenrecht (01.10.2004).

Orientierungshilfe zum Auffinden des tatsächlichen Verwenders geben würden, weil diese Funktionen weder durchgängig angewandt noch zwingend durch gesetzliche oder rechtsgeschäftliche Vorgaben gefordert würden.

(2) Verletzung von Kennzeichenrechten Dritter aus dem MarkenG

Die Frage, ob durch Domains neben Namensrechten ebenso Rechte Dritter an Marken i.S.d. § 1 Nr. 1, § 3 Abs. 1 MarkenG oder an geschäftlichen Bezeichnungen nach § 1 Nr. 2, § 5 MarkenG verletzt werden können, trat auf, als Personen zumeist bekannte und berühmte Unternehmensbezeichnungen oder Firmenschlagworte Dritter innerhalb ihrer Domains verwendeten.

(a) LG Mannheim – „brockhaus.de"[74]

Das LG Mannheim sprach der Brockhaus GmbH, die Inhaberin der eingetragenen Wortmarke i.S.d. § 1 Nr. 1, § 3 Abs. 1 MarkenG „BROCKHAUS" ist, einen Anspruch gegen ein privates Unternehmen nach § 14 Abs. 2 Nr. 3, Abs. 5 MarkenG zu, welcher darauf gerichtet war, eine weitere Benutzung der Internet-Domain „http://www.brockhaus.de" zu unterlassen und bei der DENIC eG deren Löschung zu beantragen. Die hierfür erforderliche „markenmäßige Benutzung" des Begriffes „Brockhaus" wurde von der erkennenden Kammer damit begründet, dass ein Domain-Name nicht allein in technischer Hinsicht einen bestimmten Rechner bezeichne, sondern der Verkehrskreis aus ihm regelmäßig gleichfalls einen Rückschluss auf dasjenige Rechtsobjekt ableite, welches das dazugehörige Internetangebot unterhalte. Denn andernfalls würde als Wegbeschreibung zur jeweiligen Information allein die IP-Nummer des betreffenden Rechners ausreichen und eine Verwendung von Buchstabenkürzeln in Form von Domains wäre gar nicht erforderlich.

---

[74] Urteil vom 26.06.1998 – 7 O 529/97 –, K&R 1998, S. 558 ff. = http://www.netlaw.de/urteile/lgma_04.htm (01.10.2004).

(b) LG Frankfurt am Main – „lit.de“[75]

Mit ähnlicher Begründung gewährte das LG Frankfurt am Main der Inhaberin der eingetragenen Marke „LIT“ sowohl einen Anspruch gem. § 5 i.V.m. § 15 Abs. 2 und 4 MarkenG auf Unterlassung der weiteren Benutzung der Internet-Domain „http://www.lit.de“ als auch einen solchen nach § 15 MarkenG, § 1004 BGB analog auf Abgabe einer diesbezüglichen Verzichtserklärung durch die Domain-Inhaberin gegenüber der DENIC eG. Hierbei wies es noch zusätzlich darauf hin, dass der besondere wirtschaftliche Wert von Domain-Namen und Internetseiten für Unternehmen in der Möglichkeit, diese als Werbemedien zu verwenden, und damit in einer Benutzung „im geschäftlichen Verkehr“ i.S.v. § 15 MarkenG liege.

(c) LG Düsseldorf – „epson.de“[76]

Das LG Düsseldorf erkannte in einem Fall, in dem sich eine Privatperson die Domain „http://www.epson.de“ hatte registrieren lassen, ebenfalls sowohl auf einen Unterlassungsanspruch bzgl. der weiteren Verwendung dieses Domain-Namens als auch auf einen Anspruch auf Abgabe einer diesbezüglichen Löschungserklärung gegenüber der DENIC eG. Ersteren stützte die Kammer auf die drei im Rahmen dieses Abschnittes bereits angesprochenen Anspruchsgrundlagen, d.h. auf § 12 S. 2 BGB, § 14 Abs. 1, Abs. 2 Nr. 1, Abs. 5 MarkenG und § 15 Abs. 1, Abs. 2, Abs. 4 MarkenG, Letzteren auf die §§ 14, 18 Abs. 3 MarkenG, § 1004 Abs. 1 BGB. Im Rahmen der Urteilsbegründung führte das Gericht neben den bereits dargestellten Erwägungen noch zusätzlich aus, dass ein bloßer Firmenbestandteil aus einer Gesamtfirma dann den Schutz des § 5 MarkenG genieße, wenn er seiner Art nach im Vergleich zu den übrigen Bestandteilen der Firma geeignet sei, sich im Verkehr als schlagwortartiger Hinweis auf das betreffende Unternehmen durchzusetzen. Darüber hinaus wies es

---

[75] Urteil vom 10.09.1997 – 2/6 O 261/97 –, MMR 1998, S. 151 ff. = NJW-RR 1998, S. 974 ff. = http://www.online-recht.de/vorent.html?LGFrankfurt970910+ref=Kennzeichenrecht (01.10.2004).

[76] Urteil vom 04.04.1997 – 34 O 191/96 –, DZWIR 1997, S. 374 ff. = CR 1998, S. 165 ff. = GRUR 1998, S. 159 ff. = MMR 1998, S. 620 = NJW-RR 1998, S. 979 ff. = http://www.online-recht.de/vorent.html?LGDuesseldorf970404+ref=Kennzeichenrecht (01.10.2004).

noch einmal darauf hin, dass der Top-Level-Domain „.de" innerhalb einer Internet-Domain keine eigenständige, unterscheidbare Bedeutung zukomme, da in den Verkehrskreisen, in welchen die Verwendung von Domains erfolge, die Bedeutung dieses Suffixes als bloßes regionales Zuordnungskriterium bekannt sei.

(d) BGH – „shell.de"[77]

Inzwischen hat sich auch der BGH jener Auffassung angeschlossen, die in der Judikatur erstmals vom LG Mannheim[78] vertreten wurde, und sich damit gegen die Ansicht des LG Köln[79] entschieden. Nach dem Dafürhalten des urteilenden Senats komme einer Internet-Domain Namens- resp. Kennzeichnungsfunktion zu, so dass jemand, der unberechtigterweise den Namen, die Marke oder die geschäftliche Bezeichnung eines Dritten innerhalb seiner Domain verwende, hierdurch dessen Kennzeichenrecht verletze. Im konkreten, der Entscheidung zu Grunde liegenden Fall ging die Deutsche Shell GmbH gegen den Betreiber des Domain-Namens „http://www.shell.de" vor. Dieser wies auf der entsprechenden Website auf sein im Nebenberuf betriebenes Unternehmen hin, welches u.a. Übersetzungsdienste und die Erstellung von Pressetexten feilbietet. In der Entscheidung differenziert der BGH danach, ob, gestützt auf die Kennzeichenrechtsverletzung, ein Unterlassen der Verwendung der beanstandeten Domain *innerhalb* oder *außerhalb* des geschäftlichen Verkehrs begehrt wird. In ersterem Fall kämen als diesbezügliche Anspruchsgrundlagen § 14 Abs. 2 Nr. 3, Abs. 5 MarkenG und § 15 Abs. 3 und 4 MarkenG, in letzterem Fall hingegen § 12 BGB in Betracht.

Dieser Fall wies die Besonderheit auf, dass der Beklagte selber den Familiennamen „Shell" hatte und sich somit zwei eigentlich gleichermaßen berechtigte Namensträger um eine auf ihren Namen lautende Domain stritten. Bzgl. dieses Problems der Gleichnamigkeit schloss sich der BGH der Rechtsauffassung des

---

77 Urteil vom 22.11.2001 – I ZR 138/99 –, MMR 2002, S. 382 ff. mit Anm. *Hoeren* = JurPC Web-Dok. 139/2002, http://www.jurpc.de/rechtspr/20020139.htm = http://www.bonnanwalt.de/entscheidungen/BGHIZR138-99.html = http://www.netlaw.de/urteile/bgh_13.htm (01.10.2004).

78 Siehe S. 20.

79 Siehe S. 26 f.

OLG Hamm an, welche es in seiner „krupp.de-Entscheidung“[80] vertreten hatte. Nach dieser Ansicht führe die in solchen Fällen gebotene Abwägung der sich gegenüberstehenden Interessen im Allgemeinen dazu, dass es mit der Priorität der Registrierung sein Bewenden habe, d.h., dass derjenige, der sich den entsprechenden Domain-Namen zuerst habe registrieren lassen, diesen weiterhin verwenden dürfe (sog. „Prioritätsprinzip“). Lediglich dann, wenn einer der beiden Namensträger eine überragende Bekanntheit genieße und der Verkehr mithin dessen Internetauftritt unter dem entsprechenden Namen erwarte, wohingegen der (zuerst tätig gewordene) Inhaber der Domain kein besonderes Interesse gerade an dieser Internet-Domain dartun könne, gelte ausnahmsweise etwas anderes. In einem solchen Fall könne der Inhaber des Domain-Namens verpflichtet werden, seinem Namen in der Domain einen unterscheidenden Zusatz beizufügen und die den Streitgegenstand bildende, zusatzfreie Internet-Domain freizugeben. Im Ergebnis führe dies für die obsiegende Partei zwar nicht zu einem Anspruch auf Überschreibung, jedoch zu einem solchen auf Löschung des betreffenden Domain-Namens.

(e) BGH – „vossius.de“[81]

Gut ein halbes Jahr später lag dem BGH erneut ein Fall zur Entscheidung vor, in dem die Kläger wegen der Verwendung ihres Kennzeichens innerhalb einer Domain gegen die Domain-Inhaber und gleichermaßen berechtigten Namensträger vorgingen und insbes. wegen der Verletzung ihrer geschäftlichen Bezeichnung Unterlassung nach § 5 i.V.m. § 15 Abs. 2 und 4 MarkenG einforderten. Der zu Grunde liegende Sachverhalt unterschied sich aber besonders dadurch von der „shell.de-Entscheidung“, dass hier kein erhebliches Auseinanderfallen hinsichtlich der Bekanntheit beider Namensträger vorlag. Demzufolge gelangte der urteilende Senat hier zu einem anderen Ergebnis und führte aus, dass in diesem Falle die Beklagten ihre Internet-Domains „http://www.vossius.de“ und „http://www.vossius.com“ nicht zwingend aufgeben müssten. Die in Fällen der Gleichnamigkeit vorzunehmende Abwägung der Interessen der Beteiligten ge-

[80] Urteil vom 13.01.1998 – 4 U 135/97 –, MMR 1998, S. 214 ff. mit Anm. *Berlit* = NJW-RR 1998, S. 909 f.

[81] Urteil vom 11.04.2002 – I ZR 317/99 –, GRUR 2002, S. 706 ff. = NJW 2002, S. 2096 ff.

biete es vielmehr, mildere Mittel als ein Verbot in Erwägung zu ziehen. So könnten die Beklagten das Gebot der Rücksichtnahme, welches unter Gleichnamigen bestehe, unter Beibehaltung ihrer Domain-Namen auf andere Weise und zwar dadurch erfüllen, dass sie auf ihrer Homepage und damit auf der ersten Seite, welche sich für Besucher öffne, deutlich machen würden, dass es sich bei dieser nicht um den Internetauftritt des anderen Namensinhabers handele, wobei darüber hinaus ein Verweis auf dessen Website in Form eines Hyperlink zweckmäßig sei.[82]

bbb) Literatur

Das Schrifttum, welches sich mit der Frage auseinandersetzt, ob Internet-Domains Namensrechte Dritter gem. § 12 BGB, Rechte Dritter an Marken nach § 1 Nr. 1, § 3 Abs. 1 MarkenG oder an geschäftlichen Bezeichnungen gem. § 1 Nr. 2, § 5 MarkenG verletzen können, lässt sich wie folgt aufteilen:

(1) Dem LG Mannheim folgend

Der überwiegende Teil des Schrifttums folgt weitestgehend der erstmals vom LG Mannheim[83] einem Urteil zu Grunde gelegten Auffassung samt dessen Argumentation.[84] Hiernach sei in der Verwendung eines Namens i.S.d. § 12 S. 1 BGB, einer Marke gem. § 1 Nr. 1, § 3 Abs. 1 MarkenG oder einer geschäftlichen Bezeichnung nach § 1 Nr. 2, § 5 MarkenG innerhalb einer Domain ein „kennzeichenmäßiger Gebrauch" zu sehen, so dass ein Nichtberechtigter, der sich einen entsprechenden Domain-Namen registrieren lasse, hierdurch das Kennzeichenrecht des jeweiligen Inhabers verletze.

---

82 Siehe hinsichtlich einer Gegenüberstellung von „shell.de" und „vossius.de" *Viefhues*, MMR 2002, S. 341 f.

83 Siehe S. 20.

84 Vgl. stellvertretend für viele *Flechsig*, ZUM 1996, S. 707 f.; *Hoeren*, CR 1996, S. 355 f.; *Kur*, CR 1996, S. 590, 590 ff.; *Bechtold*, ZUM 1997, S. 427, 442 f.; *Ernst*, NJW-CoR 1997, S. 426 ff.; *Nordemann*, NJW 1997, S. 1891 ff.; *Ubber*, WRP 1997, S. 497, 506 ff.; *Völker/Weidert*, WRP 1997, S. 652, 657; *Zahrnt*, BB 1997, S. 1121; *Wiebe*, CR 1998, S. 157, 158 f.; *Renck*, NJW 1999, S. 3587, 3588; *Wegner*, CR 1999, S. 250, 250 f.

(2) Dem LG Köln folgend

Einige Vertreter des Schrifttums schließen sich jedoch der Ansicht des LG Köln an,[85] welches einen kennzeichenmäßigen Gebrauch bei und mithin eine Verletzung von Kennzeichenrechten durch Internet-Domains ablehnt.[86] Sie verweisen neben der Begründung des LG Köln darauf, dass wegen der erforderlichen Einmaligkeit von Domain-Namen und des fortschreitenden Ausbaus von Top-Level-Domains die „Erratbarkeit" von Domains, d.h. der Rückschluss von dem Namen einer bestimmten Person auf die von ihr verwandte Domain und umgekehrt, immer mehr abnehme, wohingegen die Bedeutung von Hyperlinks und Suchmaschinen für das Auffinden von Internetseiten bestimmter Personen oder Unternehmen stetig wachse. Bei Letzterem jedoch fungiere der Domain-Name lediglich als technische Kennung und habe keinerlei kennzeichenrechtliche Relevanz.[87]

(3) Differenzierend

Vereinzelt wird eine Differenzierung dahingehend angedacht, dass man unterscheiden müsse zwischen Domains, die ausschließlich im Internet zur Bezeichnung der betreffenden Website verwendet würden, und solchen, die ebenso außerhalb des Internets, bspw. in der Werbung, auf Visitenkarten oder auf Briefbögen im Gebrauch seien. Lediglich in letzterem Falle stelle der Domain-Name selbst und nicht erst die von ihm bezeichnete Internetseite einen Bezug zum jeweiligen Kennzeicheninhaber her, so dass nur solche Domains die Voraussetzungen für einen kennzeichenmäßigen Gebrauch erfüllen würden.[88]

ccc) Stellungnahme

Den diversen Argumenten der verschiedenen Auffassungen bzgl. einer kennzeichenrechtlichen Relevanz und damit der Fähigkeit einer Domain, Kennzeichen-

---

85 *Hahn/Wilmer*, NJW-CoR 1997, S. 485, 486; *Wilmer*, CR 1997, S. 562, 564 f.
86 Siehe S. 26 f.
87 *Wilmer*, CR 1997, S. 562, 564 f.
88 Vgl. *Bettinger*, GRUR Int. 1997, S. 402, 408 ff.

rechte Dritter verletzen zu können, liegen im Wesentlichen lediglich zwei konträre Ansätze zu Grunde.

Die eine solche kennzeichenrechtliche Bedeutung von Domains ablehnende Auffassung setzt Domain-Namen und IP-Adressen gleich und beurteilt diese einheitlich von einem rein *technischen* Blickwinkel aus. Hiernach würden beide lediglich eine Art von digitaler Wegbeschreibung zu einem bestimmten Adressaten*rechner* samt der auf ihm abgespeicherten Informationen darstellen, ohne hierbei jedoch gleichzeitig auf eine bestimmte *Person* hinzuweisen, der die betreffenden Informationen zuzuordnen seien.

Im Gegensatz dazu differenziert jene Ansicht, die eine solche kennzeichenrechtliche Relevanz von Internet-Domains bejaht, zwischen Domain-Namen einerseits und IP-Adressen andererseits und betrachtet beide unter Zugrundelegung einer *wertenden* Sichtweise. Während in den aus numerischen Zahlenblöcken bestehenden IP-Adressen[89] lediglich technische Bezeichnungen von *Rechnern* zu sehen seien, welche Informationen ins Internet stellen würden, enthielten die von diesen zu unterscheidenden Domains ebenso Hinweise auf die hinter den jeweiligen Daten stehenden *Personen*, so dass Internet-Domains im Gegensatz zu IP-Adressen kennzeichenrechtliche Relevanz zukomme.

Die letztgenannte Auffassung, welche zwischen IP-Adressen und Domain-Namen differenziert und letztlich die Möglichkeit bejaht, dass durch Domains Kennzeichenrechte Dritter verletzt werden können, erscheint überzeugender. Neben den bereits im Rahmen der obigen Darstellung aufgeführten Argumenten sprechen für sie insbes. folgende Überlegungen: Zunächst einmal lässt sich die inzwischen durchaus übliche Praxis der Informationssuche im Internet ins Felde führen. Wenn jemand bspw. versucht, im Internet die Homepage eines bestimmten Unternehmens zu finden, dessen exakte Domain ihm unbekannt ist, so wird er normalerweise zunächst die Firma des betreffenden Unternehmens oder eine geläufige Abkürzung derselben als Second-Level-Domain in das URL-Feld[90] des von ihm verwandten Browsers[91] eingeben. Insbes. bei nicht lediglich auf lokaler Ebene auftretenden Unternehmen wird dieses Vorgehen oftmals be-

[89] Siehe S. 17.
[90] Siehe S. 17.
[91] Siehe S. 17.

reits von Erfolg gekrönt sein. Erst wenn man ausnahmsweise hiermit nicht zur gesuchten Website gelangt, wird man eine „Suchmaschine", d.h. eine das Internet nach bestimmten Suchbegriffen durchforstende und im Internet angebotene Software, heranziehen, um hierdurch fündig zu werden. Wäre jedoch, wie dies die eine kennzeichenrechtliche Bedeutung von Domain-Namen ablehnende Auffassung behauptet, eine Internet-Domain lediglich die technische Bezeichnung eines bestimmten Rechners, ohne gleichzeitig auch auf eine bestimmte hinter den jeweiligen Informationen stehende Person hinzuweisen, so wäre eine solche Vorgehensweise von vornherein aussichtslos.

Ferner ist dem Argument des LG Köln in seinen oben dargestellten, drei gleich lautenden Entscheidungen[92] zu widersprechen, die freie Wählbarkeit von Domains schließe eine kennzeichenrechtliche Relevanz derselben aus. Denn zum einen ermöglicht es die freie Wählbarkeit von Domain-Namen erst, diese an die dem Kennzeichenrecht unterfallenden Namen, Marken oder geschäftlichen Bezeichnungen anzupassen und so eine vom Internetnutzer nachvollziehbare Verbindung zwischen beiden zu erreichen. Zum anderen ist auch den anerkanntermaßen dem Kennzeichenrecht des § 12 BGB unterfallenden Geburtsnamen eine solche Wählbarkeit nicht gänzlich fremd, da diese unter gewissen strengen Voraussetzungen abgeändert werden können,[93] ohne dass hierdurch ihre kennzeichnende Wirkung beeinträchtigt würde.

Ebenfalls ist dem vom LG Köln angestellten Vergleich von Internet-Domains mit Telefonnummern, Bankleit- oder Postleitzahlen entgegenzuhalten, dass Erstere im Gegensatz zu Letzteren in der Lage sind, Informationen in Buchstaben- und nicht bloß in Ziffernform zu transportieren. Genau hierdurch ermöglichen es Domains, anders als diese rein numerischen Codes, allein durch das Betrachten derselben einen Rückschluss auf den dahinter stehenden Kommunikationspartner zu ziehen.

Darüber hinaus überzeugt das von dieser Kammer angeführte Argument nicht, eine kennzeichenrechtliche Bedeutung von Domain-Namen scheide deshalb aus, weil diese nicht durchgängig mit den dem Kennzeichenrecht unterfallenden

---

92 Siehe S. 26 f.

93 Siehe hierzu das Gesetz über die Änderung von Familiennamen und Vornamen – NamÄndG – vom 05.01.1938, RGBl. 1938, Teil I, S. 9 ff.

Bezeichnungen übereinstimmten. Zwar ist es tatsächlich so, dass zum Teil Domains reine Phantasiebezeichnungen enthalten, die nichts mit dem Kennzeichenrecht zu tun haben. Jedoch bilden diese Fälle die Ausnahme im Internet und für eine allgemeine Beurteilung von Domain-Namen ist nicht auf vereinzelte Ausnahmen, sondern vielmehr auf die grundsätzlich vorherrschende Regel abzustellen.

Auch führen die Argumente der dem LG Köln folgenden Literatur[94] nicht zu einer anderen Beurteilung. Ob es wegen eines wachsenden Ausbaus von Top-Level-Domains tatsächlich dazu kommen wird, dass die „Erratbarkeit" von Internet-Domains stetig abnehmen wird, wohingegen Suchmaschinen und Hyperlinks für das Aufspüren von Websites an Bedeutung gewinnen werden, ist gegenwärtig nicht mit Sicherheit vorauszusagen. Selbst wenn sich diese Prognose jedoch bewahrheiten sollte, führt dies nicht, wie behauptet, zu einer Verringerung der kennzeichenrechtlichen Relevanz von Domain-Namen. Denn entgegen anderweitiger Ausführungen fungieren Domains im Rahmen von Suchmaschinen nicht lediglich als technische Kennungen ohne Auswirkungen auf das Kennzeichenrecht. Der Grund hierfür liegt in der gängigen Vorgehensweise von Suchmaschinen. Gibt man dort einen Begriff ein, nach dem die betreffende Software die von ihr erfassten Internetseiten durchforsten soll, so gibt diese nach erfolgreicher Suche eine Liste mit Links zu entsprechenden Websites preis. Aus dieser Liste wiederum wählt der Internetnutzer anschließend die für ihn interessant erscheinenden Links aus und lässt sich über sie mit den jeweiligen Internetseiten verbinden. Hinsichtlich der Frage des Kennzeichenrechts ist zu beachten, dass diese Liste nicht die IP-Adressen, sondern die Domain-Namen der betreffenden Websites aufführt. Anders wäre eine weitere Selektion der durch die Suchmaschine erzielten Resultate, die insbes. bei relativ allgemein gehaltenen Suchbegriffen einen erheblichen Umfang erreichen können, nicht möglich, da allein aus der IP-Adresse der Nutzer nicht ersehen könnte, ob die betreffende Internetseite die von ihm gesuchten Informationen tatsächlich enthält. Somit versucht ein Internetbenutzer auch bei der Zuhilfenahme von Suchsoftware, aus den ihm offerierten Domains einen Rückschluss darauf zu ziehen, welche Personen und mithin welche Art von Informationen ihn hinter den einzelnen Inter-

---

94 Siehe S. 32.

net-Domains erwarten. Demnach haben selbst bei dieser Art der Informationssuche im Internet Domain-Namen eine kennzeichenrechtliche Bedeutung.

Ebenfalls vermag die zwischen Domains, welche allein im Internet verwendet werden, und solchen, die auch außerhalb dieses Mediums in Gebrauch sind, differenzierende Literatur[95] nicht zu überzeugen. Ob eine solche Ungleichbehandlung im Kern überhaupt gerechtfertigt ist, erscheint im Hinblick auf obige Überlegungen bereits sehr fraglich. Darüber hinaus ergeben sich hinsichtlich der Praktikabilität dieses Ansatzes erhebliche Bedenken, da sich in der Praxis kaum eindeutig festlegen lässt, wo genau im Detail die eine Gruppe aufhört und die andere anfängt. Soll bspw. bereits die schlichte Erwähnung einer Internet-Domain im Briefkopf eines Unternehmens diese dem Bereich des Kennzeichenrechts zuordnen oder wäre hierfür vielmehr eine Verbreitung derselben durch öffentliche Werbung – und wenn ja in welchem Umfang – erforderlich? Selbst wenn man entsprechende Abgrenzungskriterien exakt festlegen würde, wäre das durch diese Auffassung letztendlich erzielte Resultat nicht nachvollziehbar. Denn unabhängig davon, ob eine Domain nur innerhalb oder auch außerhalb des Internets Verwendung findet, wäre der Inhaber eines „besseren" Rechts an der verwandten Bezeichnung in jedem Fall daran gehindert, sich einen gleich lautenden Domain-Namen registrieren zu lassen. Demgemäß lässt diese differenzierende Ansicht außer Betracht, dass bereits allein in der Vorenthaltung einer dem geschützten Kennzeichen entsprechenden Internet-Domain eine Verletzung des betreffenden Kennzeichenrechts gesehen werden kann.

Schließlich spricht für die generelle kennzeichenrechtliche Relevanz von Domain-Namen ein Urteil des BGH aus dem Jahre 1985 bzgl. Fernschreibkennungen.[96] Bei diesen handelt es sich um kurze Buchstabengruppen, die der ziffernmäßigen Fernschreibnummer als zusätzliches Kennungsmittel hinzugefügt werden.[97] In der Entscheidung wurde darauf erkannt, dass in einer solchen Fernschreibkennung für den Fall, dass sie einer dem Kennzeichenrecht eines Dritten unterfallenden Bezeichnung entspreche, ein kennzeichenmäßiger Gebrauch gesehen werden könne. Der Grund hierfür liege darin, dass Fern-

---

[95] Siehe S. 32.

[96] Urteil vom 18.12.1985 – I ZR 122/83 –, GRUR 1986, S. 475 ff.

[97] *BGH*, Urteil vom 18.12.1985 – I ZR 122/83 –, GRUR 1986, S. 475, 476.

schreibteilnehmer ihre Fernschreibkennungen, welche sie selbst auswählen könnten, üblicherweise an ihre Firma oder an eine Kurzbezeichnung derselben anlehnen würden, um so zu erreichen, dass man aus ihrer Unternehmensbezeichnung auf ihre Fernschreibkennung schließen könne. Diese Kennungen würden darüber hinaus sowohl im Rahmen des Fernschreibverkehrs selbst, nämlich am Anfang und am Ende eines an den jeweiligen Teilnehmer gesandten Fernschreibens als auch bspw. in amtlichen Fernschreibverzeichnissen oder in Briefköpfen von Unternehmen in Erscheinung treten. Demnach könnten sie berechtigterweise vom Rechtsverkehr als kennzeichenmäßiger Hinweis auf das jeweilige Unternehmen verstanden werden und besäßen mithin Kennzeichenfunktion.[98] Dem ist zuzustimmen, da entscheidendes Kriterium für den kennzeichenmäßigen Gebrauch einer Bezeichnung ist, ob sie üblicherweise als Hinweis auf einen dahinter stehenden Kennzeichenrechtsinhaber verstanden wird. Diese rechtliche Wertung in Bezug auf Fernschreibkennungen lässt sich auf die ebenfalls grundsätzlich frei wählbaren und in der Praxis in aller Regel den jeweiligen Unternehmensbezeichnungen entsprechenden Internet-Domains übertragen, so dass auch diesen eine kennzeichenrechtliche Bedeutung zukommt. Domains sind folglich dazu in der Lage, Kennzeichenrechte Dritter zu verletzen.

bb) Auswirkungen auf die Rechtsnatur von Internet-Domains

Fraglich ist, ob der Umstand, dass durch Domains Kennzeichenrechte Dritter verletzt werden können, gleichermaßen etwas darüber aussagt, ob sie selbst Kennzeichen darstellen. In der oben erörterten Rechtsprechung und Literatur werden diese beiden unterschiedlichen Fragen nicht immer eindeutig voneinander abgegrenzt, worauf Teile des Schrifttums bereits kritisch hinweisen.[99] Dogmatisch und systematisch müssen beide Fragestellungen jedoch streng getrennt voneinander betrachtet werden, da ihnen ganz unterschiedliche Ausgangslagen zu Grunde liegen.[100] Wenn man, wie im vorherigen Abschnitt, da-

---

98 *BGH*, Urteil vom 18.12.1985 – I ZR 122/83 –, GRUR 1986, S. 475, 476.

99 *Fezer*, WRP 2000, S. 669, 671, 673 ff.; *Welzel*, MMR 2001, S. 131, 133.

100 *LG Düsseldorf*, Urteil vom 04.04.1997 – 34 O 191/96 –, DZWIR 1997, S. 374 ff. = CR 1998, S. 165 ff. = GRUR 1998, S. 159 ff. = MMR 1998, S. 620 = NJW-RR 1998, S. 979 ff. = http://www.online-recht.de/vorent.html?LGDuesseldorf970404+ref=Kennzeichenrecht (01.10.2004); *OLG Karlsruhe*, Urteil vom 09.06.1999 – 6 U 62/99 –, CR 1999, S.

nach fragt, ob Internet-Domains eine *kennzeichenrechtliche Bedeutung* bzw. eine *Kennzeichenfunktion* zukommt oder ob die Verwendung einer dem Kennzeichenrecht unterfallenden Bezeichnung innerhalb einer Domain einen *kennzeichenmäßigen Gebrauch* darstellt, dann geht es nicht darum, ob ein Domain-Name selbst ein Kennzeichen ist. Vielmehr fragt man in diesem Fall allein danach, ob der Inhaber einer Internet-Domain, die eine kennzeichenrechtliche Bezeichnung eines Dritten enthält, diese Bezeichnung im Rechtssinne, d.h. i.S.d. in Betracht kommenden Anspruchsgrundlage (z.B. § 12 BGB) *gebraucht* und hierdurch etwa einem entsprechenden Unterlassungsanspruch ausgesetzt ist.

Dass eine Antwort auf diese Frage nichts darüber aussagt, ob eine Domain selbst als ein solches Kennzeichen anzusehen ist, wird anhand eines einfachen Vergleichs deutlich: Man stelle sich bspw. einen Fall vor, in dem jemand unter dem Namen einer mit ihm nicht identischen bekannten Persönlichkeit namens „Herr X" ein Buch mit dem Titel „Autobiographie des Herrn X" veröffentlicht. Nunmehr geht der wahre Herr X gegen den Urheber gem. § 12 S. 1, S. 2 BGB vor und hat hiermit vor Gericht Erfolg. In diesem Falle hätte sich das betreffende Gericht lediglich mit der Frage auseinandergesetzt, ob der Beklagte durch die Publikation der vermeintlich authentischen Autobiographie bzw. durch die Verwendung des Titels den Namen des Herrn X i.S.d. § 12 S. 1 BGB *unbefugt gebraucht* hat. Niemand käme hierbei auf die Idee, hieraus etwas darüber abzuleiten, ob der Buchtitel selbst kennzeichenrechtlichen Schutz genießt. Genau das wird aber getan, wenn man aus der Fähigkeit von Internet-Domains, Kennzeichenrechte Dritter zu verletzen, und aus den hierzu angestrengten Überlegungen Rückschlüsse darauf ziehen will, ob Domain-Namen selbst Kennzeichen darstellen. Des Weiteren wird zu Recht darauf verwiesen, dass für die Annahme eines kennzeichenmäßigen Gebrauchs schon die objektive, nicht völlig fern liegende Möglichkeit ausreiche, dass der Rechtsverkehr in dem betreffenden Zeichen einen irgendwie ausgestalteten Herkunftshinweis sieht.[101] Im Gegensatz dazu

---

783 ff. = K&R 1999, S. 423 f. = MMR 1999, S. 604 f. = http://www.online-recht.de/vorent.html?OLGKarlsruhe990609+ref=Kennzeichenrecht (01.10.2004) – „badwildbach.com"; *Kur*, CR 1996, S. 590, 591; *Omsels*, GRUR 1997, S. 328, 329 ff.; *Fezer*, WRP 2000, S. 669, 671, 673 ff.; *Plaß*, WRP 2000, S. 1077, 1080; *Welzel*, MMR 2001, S. 131, 133; *Kleespies*, GRUR 2002, S. 764, 765; *Viefhues* in *Hoeren/Sieber*, Teil 6.1 Rn. 57 ff.

101 *Ubber*, WRP 1997, S. 497, 504; *Ingerl/Rohnke*, § 14 Rn. 61, § 15 Rn. 26.

werde einem solchen Zeichen ein darüber hinausgehender, eigener Kennzeichenschutz erst dann zuteil, wenn es – ggf. unter weiteren Voraussetzungen – tatsächlich dazu geeignet und bestimmt sei, ein Rechtssubjekt, ein Werk oder eine Ware bzw. Dienstleistung von anderen herkunftsmäßig zu unterscheiden.[102] Somit ist festzuhalten, dass man aus der Erkenntnis, dass Internet-Domains Kennzeichenrechte Dritter verletzen können, keine Rückschlüsse darauf ziehen kann, ob sie selbst Kennzeichen sind.

cc) Eigenständige Beurteilung

Fraglich ist demnach, ob Domains unabhängig und losgelöst von obigen Überlegungen den Anforderungen gerecht werden, die an Namen i.S.d. § 12 S. 1 BGB, Marken nach § 1 Nr. 1, § 3 Abs. 1 MarkenG oder geschäftliche Bezeichnungen gem. § 1 Nr. 2, § 5 MarkenG gestellt werden.

aaa) Internet-Domains als Namen i.S.d. § 12 S. 1 BGB

(1) Definition

Was den Begriff des „Namens" i.S.d. § 12 S. 1 BGB anbelangt, so ergibt sich sowohl aus der systematischen Stellung dieser Vorschrift innerhalb des ersten Titels über „Natürliche Personen" als auch aus dem Willen des historischen Gesetzgebers,[103] dass dieser Begriff ursprünglich lediglich den bürgerlichen Namen natürlicher Personen erfassen sollte.[104] Nach diesem klassischen Verständnis fällt unter den Namensbegriff ausschließlich der Geburts-, Ehe- und Familienname.[105] Im Laufe der Zeit haben jedoch Rechtsprechung und Schrifttum den Anwendungsbereich des § 12 BGB, ob nun im Wege einer unmittelbaren oder einer analogen Anwendung, immer weiter ausgedehnt,[106] so dass er heute weit mehr umfasst, als dies zu Anfang der Fall war und mittlerweile berechtigter-

---

[102] *Plaß*, WRP 2000, S. 1077, 1080.
[103] Siehe dazu *Fabricius*, JR 1972, S. 15 ff.
[104] *Kohl* in *Wassermann*, § 12 Rn. 28.
[105] *Jauernig* in *Jauernig*, § 12 Rn. 2.
[106] Vgl. stellvertretend für viele *Kohl* in *Wassermann*, § 12 Rn. 29; *Schwerdtner* in Münchener Kommentar zum BGB, § 12 Rn. 51 ff.; *Dörner* in *Schulze*, § 12 Rn. 8 ff.; *Heinrichs* in *Palandt*, § 12 Rn. 4 ff.; *Jauernig* in *Jauernig*, § 12 Rn. 3.

weise als Grundlage des gesamten Kennzeichenrechts angesehen werden kann.[107] Diese Erweiterung des Anwendungsbereichs des § 12 BGB, angefangen von einem engen persönlichkeitsrechtlichen Kern[108] bis hin zur Ausdehnung auf geschäftliche Kennzeichen, lässt sich rechtshistorisch zum einen damit erklären, dass das RG das Bestehen eines allgemeinen Persönlichkeitsrechts stets abgelehnt hat.[109] Somit konnte ein solches Recht nicht zum Schutz eines Namens herangezogen werden, welcher eine Person nur innerhalb eines bestimmten Wirkungsbereichs, z.B. als Inhaber eines Handelsgeschäfts kennzeichnete.[110] Zum anderen bot die Summe aus dem Firmenschutz des HGB, dem Markenschutz des (ehemaligen) WZG und dem Kennzeichenschutz des UWG keinen flächendeckenden Schutz gegenüber sämtlichen Beeinträchtigungen der Unterscheidungs- und Individualisierungsfunktion von Namen, deren Bedeutung außerhalb des rein privaten Bereichs insbes. im modernen Wirtschaftsleben immer mehr zunahm.[111]

Insgesamt lässt sich der Name i.S.d. § 12 S. 1 BGB nach heutigem Verständnis definieren als ein Merkmal zur ständigen Bezeichnung einer Person oder eines Unternehmens zwecks Unterscheidung von anderen Personen und Unternehmen,[112] wobei erforderlich ist, dass dieses „Kennwort" gesprochen, gehört und geschrieben werden kann.[113] Darüber hinaus kommt ihm die Funktion einer individualisierenden Kennzeichnung des jeweiligen Namensträgers zu.[114] Es lassen sich grob zwei Arten von Namen voneinander unterscheiden, nämlich sog. „Zwangs-" von „Wahlnamen". Während man unter Ersteren Bezeichnungen wie bspw. den bürgerlichen Namen versteht, die dem jeweiligen Träger kraft Gesetzes anhaften, fasst man unter Letzteren all jene Titulierungen zusammen, welche

---

[107] *Krüger-Nieland* in RGRK, § 12 Rn. 53; *Schwerdtner* in Münchener Kommentar zum BGB, § 12 Rn. 52; *Heinrichs* in *Palandt*, § 12 Rn. 4.

[108] *Kohl* in *Wassermann*, § 12 Rn. 29.

[109] Vgl. zusammenfassend *Krüger-Nieland* in RGRK, § 12 Rn. 53.

[110] *Krüger-Nieland* in RGRK, § 12 Rn. 53.

[111] *Krüger-Nieland* in RGRK, § 12 Rn. 53.

[112] *RG*, Urteil vom 03.12.1917 – VI 370/17 –, RGZ 91, S. 350, 352; *dass.*, Urteil vom 11.07.1932 – IV 80/32 –, RGZ 137, S. 213, 215; *BGH*, Urteil vom 05.12.1958 – IV ZR 95/58 –, NJW 1959, S. 525, 525.

[113] *Hefermehl*, FS für *A. Hueck*, S. 519, 520.

[114] Vgl. *BGH*, Beschluss vom 13.07.1957 – IV ZB 23/57 –, BGHZ 25, S. 163, 168; *Siebert*, NJW 1958, S. 1369, 1370; *Hefermehl*, FS für *A. Hueck*, S. 519, 520.

willkürlich gewählt und jederzeit wieder ablegbar sind, worunter z.B. Pseudonyme, Decknamen oder Firmenbezeichnungen fallen.[115]

Da die elementare Eigenschaft von Namen i.S.d. § 12 S. 1 BGB deren Unterscheidungsfunktion ist, greift der Namensschutz dieser Vorschrift eigentlich nur bei Bezeichnungen ein, die von Natur aus, sprich allein aus sich selbst heraus, unterscheidungskräftig sind. Demgemäß entfällt ein Namensschutz grundsätzlich bei Wörtern der Umgangssprache, bei Gattungsbegriffen und bei geographischen Bezeichnungen.[116] Dies bedeutet jedoch nicht, dass derartigen Begriffen der Schutz des § 12 BGB immer und zur Gänze versagt bleibt. Vielmehr unterstehen sie ausnahmsweise dann dem Namenschutz dieser Vorschrift, wenn sie im Rahmen sprachlicher Neubildungen („Rhein-Chemie")[117], unüblicher Wortzusammensetzungen („Deutsche Hausbücherei")[118] oder auf eine außergewöhnliche Art („Spiegel" als Titel einer Zeitschrift)[119] verwandt werden, da sie in diesem Falle ausnahmsweise doch Unterscheidungskraft aufweisen und somit den Anforderungen des § 12 BGB gerecht werden.[120] Darüber hinaus können solche umgangssprachlichen Begriffe oder Gattungsbezeichnungen selbst dann,

---

115 *Heinrichs* in *Palandt*, § 12 Rn. 1.

116 *RG*, Urteil vom 11.12.1931 – II 490/30 –, JW 1932, S. 1847, 1848; *dass.*, Urteil vom 30.10.1936 – II 100/36 –, JW 1937, S. 313, 314; *dass.*, Urteil vom 16.03.1940 – II 157/39 –, RGZ 163, S. 233, 238; *dass.*, Urteil vom 01.11.1943 – II 84/43 –, RGZ 172, S. 129, 131; *BGH*, Urteil vom 20.10.1953 – I ZR 134/52 –, GRUR 1954, S. 70 ff.; *ders.*, Urteil vom 18.06.1954 – I ZR 158/52 –, GRUR 1955, S. 95 ff.; *ders.*, Urteil vom 13.03.1956 – I ZR 49/54 –, GRUR 1957, S. 426 ff.; *ders.*, Urteil vom 15.06.1956 – I ZR 71/54 –, BGHZ 21, S. 66, 73; *ders.*, Urteil vom 31.10.1975 – I ZR 89/74 –, GRUR 1976, S. 254 ff. mit Anm. *Krieger*; *ders.*, Urteil vom 03.12.1976 – I ZR 151/75 –, GRUR 1977, S. 503 ff. mit Anm. *Bauer*; *ders.*, Urteil vom 02.07.1992 – I ZR 250/90 –, NJW-RR 1992, 1454 f. – „Volksbank"; *OLG Hamburg*, Urteil vom 13.06.1963 – 3 U 14/63 –, BB 1963, S. 1233 f. mit Anm. *Schnitzler*; *OLG Hamm*, Urteil vom 09.06.1967 – 4 U 231/66 –, BB 1967, S. 1101; *OLG Köln*, Beschluss vom 02.08.1974 – 6 W 33/74 –, GRUR 1977, S. 167 f.; *LG Essen*, Urteil vom 08.02.1955 – 16 HO 6/55 –, WRP 1955, S. 184 f.; *Heinrichs* in *Palandt*, § 12 Rn. 12.

117 *BGH*, Urteil vom 31.05.1957 – I ZR 93/56 –, GRUR 1957, S. 561 ff. mit Anm. *Droste*.

118 *BGH*, Urteil vom 15.06.1956 – I ZR 71/54 –, BGHZ 21, S. 66 ff.

119 *BGH*, Urteil vom 15.06.1956 – I ZR 105/54 –, BGHZ 21, S. 85, 89.

120 Vgl. hierzu auch *BGH*, Urteil vom 14.05.1957 – I ZR 94/55 –, BGHZ 24, S. 238, 241; *ders.*, Urteil vom 26.01.1960 – I ZR 5/59 –, GRUR 1960, S. 296 ff.; *ders.*, Urteil vom 07.07.1972 – I ZR 67/70 –, GRUR 1973, S. 265 ff.; *ders.*, Urteil vom 07.07.1976 – I ZR 113/75 –, DB 1976, S. 2056, 2057 – „Parkhotel"; *ders.*, Urteil vom 29.10.1992 – I ZR 264/90 –, NJW 1993, S. 459, 461 – „Columbus"; *OLG Düsseldorf*, Urteil vom 23.03.1973 – 2 U 128/72 –, WRP 1974, S. 156 ff.

wenn sie nicht auf eine solch unübliche Weise zur Bezeichnung einer bestimmten Person oder eines bestimmten Unternehmens gebraucht werden und mithin keinen originären Namensschutz entfalten, dem Schutzbereich des § 12 BGB unterfallen. Dies setzt jedoch zusätzlich zu den normalen Anforderungen dieser Norm voraus, dass die betreffende Bezeichnung gerade in Bezug auf das jeweilige Kennzeichnungsobjekt inzwischen Verkehrsgeltung erlangt hat, wobei hieran im Einzelnen strenge Anforderungen gestellt werden.[121]

Ähnlich verhält es sich mit Firmenabkürzungen wie bspw. „DUZ"[122] und Firmenschlagworten. Diesen wird ein eigenständiger Namensschutz, d.h. ein solcher, der neben dem Schutz für das vollständige Kennzeichen besteht, grundsätzlich nur bei entsprechender Verkehrsgeltung der Kurzform zuteil.[123] Lediglich dann, wenn sie eine namensmäßige Unterscheidungskraft besitzen und als „besondere Geschäftsbezeichnungen" verwendet werden, unterfallen sie ausnahmsweise auch ohne eine solche Verkehrsgeltung dem Schutzbereich des § 12 BGB.[124] Daneben kommt bei ihnen, wenn und soweit sie zugleich einen Teil der vollständigen Firma und mithin einen „Namensbestandteil" i.S.d. Kennzeichenrechts darstellen, ein vom Namensschutz für die vollständige Bezeichnung abgeleiteter Schutz in Betracht. Zu beachten ist, dass in diesem Falle die betreffende Kurzform ebenfalls keine Verkehrsgeltung erlangt haben muss.[125]

Was den zeitlichen Umfang, sprich den Beginn und das Ende des Namensschutzes durch § 12 BGB anbelangt, so muss wie folgt differenziert werden: Der Schutz des bürgerlichen Namens entsteht kraft Gesetzes mit der Geburt (§§ 1616 ff. BGB), der Heirat (§ 1355 BGB) oder der Adoption (§ 1757 BGB)[126]

---

[121] *RG*, Urteil vom 12.07.1932 – II 36/32 –, GRUR 1932, S. 1052 ff.; *dass.*, Urteil vom 16.03.1940 – II 157/39 –, RGZ 163, S. 233, 238; *BGH*, Urteil vom 18.06.1954 – I ZR 158/52 –, GRUR 1955, S. 95 ff.; *ders.*, Urteil vom 22.10.1954 – I ZR 46/53 –, BGHZ 15, S. 107, 109; *ders.*, Urteil vom 13.03.1956 – I ZR 49/54 –, GRUR 1957, S. 426 ff.; *ders.*, Urteil vom 31.10.1975 – I ZR 89/74 –, GRUR 1976, S. 254 ff. mit Anm. *Krieger*; *ders.*, Urteil vom 03.12.1976 – I ZR 151/75 –, GRUR 1977, S. 503 ff. mit Anm. *Bauer*.

[122] *BGH*, Urteil vom 11.12.1951, BGHZ 4, S. 167 ff.

[123] *BGH*, Urteil vom 20.10.1953 – I ZR 134/52 –, GRUR 1954, S. 70, 71; *ders.*, Urteil vom 08.12.1953 – I ZR 199/52 –, BGHZ 11, S. 214, 215 f.; *ders.*, Urteil vom 03.12.1976 – I ZR 151/75 –, GRUR 1977, S. 503, 505 mit Anm. *Bauer*.

[124] *Heinrich* in *Soergel*, § 12 Rn. 151.

[125] *Heinrich* in *Soergel*, § 12 Rn. 151.

[126] *Schwerdtner* in Münchener Kommentar zum BGB, § 12 Rn. 112.

und erlischt grundsätzlich mit dem Tode des jeweiligen Namensträgers,[127] wobei Ausnahmen bei Namensänderungen und in Fällen sog. „postmortalen Persönlichkeitsschutzes" möglich sind.[128] Bei geschäftlichen Kennzeichen muss hinsichtlich des Beginns des Namensschutzes danach unterschieden werden, ob eine Verkehrsgeltung des betreffenden Namens für dessen Schutz erforderlich ist oder nicht.[129] Für den Fall, dass eine solche Verkehrsgeltung nicht notwendig ist, insbes. weil die betreffende Bezeichnung aus sich selbst heraus unterscheidungskräftig ist, setzt der Namenschutz bereits mit der bloßen Ingebrauchnahme dieser Bezeichnung im geschäftlichen Verkehr ein, wobei die Frage, wann genau ein Gebrauchen in diesem Sinne vorliegt, eine solche des Einzelfalles ist.[130] Ist hingegen Verkehrsgeltung erforderlich, so beginnt der Namensschutz erst dann, wenn eine solche Anerkennung im Verkehr erreicht worden ist.[131] Der Namensschutz geschäftlicher Kennzeichen endet, wenn hinter dem betreffenden Geschäftsbetrieb eine juristische Person steht und diese als Rechtspersönlichkeit erlischt,[132] wenn der Betrieb für eine „längere Zeit"[133] stillgelegt oder aufgegeben wird,[134] wenn eine ursprünglich unterscheidungskräftige Bezeichnung zu einem freien Namen, zur Beschaffenheitsangabe oder zum Gattungsnamen wird[135] oder wenn für den Namensschutz Verkehrsgeltung erforderlich war und diese in der Folgezeit verloren geht.[136]

---

[127] *BGH*, Urteil vom 15.01.1953 – IV ZR 76/52 –, BGHZ 8, S. 318, 324; *ders.*, Urteil vom 08.06.1989 – I ZR 135/87 –, BGHZ 107, S. 384, 389.

[128] *Schwerdtner* in Münchener Kommentar zum BGB, § 12 Rn. 119.

[129] Siehe hierzu die vorangegangenen zwei Absätze.

[130] *Schwerdtner* in Münchener Kommentar zum BGB, § 12 Rn. 113.

[131] *BGH*, Urteil vom 08.12.1953 – I ZR 199/52 –, BGHZ 11, S. 214, 217 f.; *ders.*, Urteil vom 15.06.1956 – I ZR 105/54 –, BGHZ 21, S. 85 ff.; *ders.*, Urteil vom 24.02.1965 – IV ZR 81/64 –, BGHZ 43, S. 245, 252 f.

[132] *Schwerdtner* in Münchener Kommentar zum BGB, § 12 Rn. 121.

[133] Bzgl. der Anforderungen im Einzelnen siehe *Schwerdtner* in Münchener Kommentar zum BGB, § 12 Rn. 121.

[134] Vgl. *BGH*, Urteil vom 07.03.1961 – I ZR 2/60 –, BGHZ 34, S. 345 ff. = NJW 1961, S. 1205 f.

[135] *RG*, Urteil vom 21.10.1908 – I 641/07 –, RGZ 69, S. 310 f.; *dass.*, Urteil vom 29.10.1920 – II 324/14 –, RGZ 100, S. 182 ff.; *Heinrich* in *Soergel*, § 12 Rn. 161.

[136] *BGH*, Urteil vom 10.07.1956 – I ZR 106/54 –, GRUR 1957, S. 428 ff.

(2) Rechtsprechung

Die Judikatur hat sich bisher kaum ausdrücklich mit der Frage auseinandergesetzt, ob Internet-Domains Namen i.S.d. § 12 S. 1 BGB darstellen. Im Gegensatz zu dem Großteil der Entscheidungen, die sich damit beschäftigt haben, ob Domains Namensrechte Dritter verletzen können,[137] und hierbei in der Sache nichts über deren eigene Rechtsnatur aussagen,[138] haben einige wenige von ihnen am Rande gleichfalls die Frage erörtert, ob Internet-Domains selbst als Namen im Rechtssinne anzusehen sind.

So bewertet bspw. das LG Hamburg in einem Beschluss Domains als „individuelle namenswertige Kennzeichen (...), die dem Schutz des § 12 BGB unterliegen."[139] Als Begründung für diese Einschätzung, die wohl nur so verstanden werden kann, dass das Gericht Internet-Domains selbst als Namen i.S.d. § 12 S. 1 BGB ansieht,[140] führt es aus, dass derartige Buchstabenzusammenstellungen dann schutzfähig seien, wenn sie anerkanntermaßen im Rechtsverkehr Namensfunktion hätten und als Hinweis auf ein bestimmtes Unternehmen angesehen würden. Dies wiederum sei z.B. dann der Fall, wenn ausschließlich über die betreffende Internet-Domain mit dem jeweiligen Gegenüber kommuniziert und dessen Identität festgestellt werden könne.[141]

Zum gleichen Ergebnis kommt das OLG Hamburg, indem es in einer Entscheidung dem betreffenden Antragsgegner zugestand, er habe ein nach § 12 BGB geschütztes Recht an seiner Domain als „namensartiges Kennzeichen" erworben, als er diese in Gebrauch nahm. Dies müsse jedenfalls für solche Domain-Namen gelten, die nicht lediglich reine Gattungsbegriffe enthielten und folglich auf ein bestimmtes Subjekt hinweisen würden.[142] Begründet wurde diese Auffassung insbes. mit den Unterschieden zwischen Domains und Telegrammadressen, denen der BGH einst solange einen Namensschutz absprach, wie diese

137 Siehe S. 20 ff.
138 Siehe S. 37 ff.
139 Beschluss vom 17.09.1996 – 404 O 135/96 –, CR 1997, S. 157.
140 Diese Bewertung ebenfalls vertreten von *Völker/Weidert*, WRP 1997, S. 652, 656.
141 *LG Hamburg*, Beschluss vom 17.09.1996 – 404 O 135/96 –, CR 1997, S. 157.
142 Urteil vom 05.11.1998 – 3 U 130/98 –, CR 1999, S. 184 ff. mit Anm. *Hackbarth* = MMR 1999, S. 159, 160 f. = NJW-RR 1999, S. 625 f.

dem Verkehr unbekannt blieben.[143] Während Telegrammadressen lediglich die Nachrichtenübermittlung vereinfachen würden, ohne jedoch hierfür zwingend erforderlich zu sein, da der jeweilige Adressat ebenso unter seinem vollständigen Namen oder seiner Firma telegraphisch erreichbar sei, sehe die Situation bei Internet-Domains anders aus. Dies resultiere daraus, dass es hinsichtlich einer Kontaktaufnahme über das Internet zur Domain keine Alternative gäbe, d.h., dass sie die einzige Möglichkeit darstelle, ihren Inhaber als Subjekt im Internet anzusteuern und ihn in seiner Identität zu erfassen.[144]

(3) Literatur

Das Schrifttum ist sich bzgl. der Frage, ob Internet-Domains Namen i.S.d. § 12 S. 1 BGB darstellen, uneinig.

(a) Befürwortend

Ein Teil des Schrifttums sieht in Domains ihrer Rechtsnatur nach Namen i.S.d. § 12 S. 1 BGB.[145] Als Grund wird zum Teil recht lapidar darauf verwiesen, dass nach heutiger Auffassung neben Namen im engeren Sinne desgleichen namensartige Kennzeichen, soweit sie der Identifikation von Personen oder Personenvereinigungen dienen würden, unter den Schutz des § 12 BGB fielen. Dies müsse ebenfalls für Domain-Namen gelten, wenn sie nach den jeweiligen Umständen des Einzelfalles als Bezeichnung einer Person oder eines Unternehmens fungierten und vom Rechtsverkehr entsprechend verstanden würden.[146] Zum Teil wird als Begründung hingegen ausführlich auf den ambivalenten Charakter von Internet-Domains eingegangen. Hiernach würde eine Domain im technischen Sinne zwar lediglich die Adresse eines Computers darstellen, auf welchem der Adressat seine Website abgelegt habe. Jedoch lasse eine solch rein technische Sicht außer Betracht, dass der durchschnittliche Internetbenutzer in

[143] Vgl. *BGH*, Urteil vom 25.02.1955 – I ZR 124/53 –, GRUR 1955, S. 481, 484.
[144] *OLG Hamburg*, Urteil vom 05.11.1998 – 3 U 130/98 –, CR 1999, S. 184 ff. mit Anm. *Hackbarth* = MMR 1999, S. 159, 160 f. = NJW-RR 1999, S. 625 f.
[145] *Bücking*, NJW 1997, S. 1886, 1886 f.; *Völker/Weidert*, WRP 1997, S. 652, 663; *Plaß*, WRP 2000, S. 1077, 1080.
[146] *Völker/Weidert*, WRP 1997, S. 652, 663; *Plaß*, WRP 2000, S. 1077, 1080.

aller Regel die in Buchstabenkombinationen übersetzte IP-Nummer gedanklich mit dem Namen des jeweiligen Anbieters verbinde. Darüber hinaus ziehe selbst ein erfahrener Internetanwender derartige Schlussfolgerungen. Denn auch er mache sich grundsätzlich weder darüber bewusst Gedanken, dass sich hinter dem Domain-Namen eine IP-Adresse verberge, noch darüber, dass er eigentlich mit einem externen Computer statt mit Einrichtungen des betreffenden Anbieters kommuniziere.[147]

(b) Ablehnend

Der wohl überwiegende Teil des Schrifttums spricht sich gegen die Qualifizierung von Domains als Namen i.S.d. § 12 S. 1 BGB aus.[148] Als Grund hierfür wird zum einen darauf verwiesen, dass Domains trotz ihrer in der Praxis durchaus bestehenden Parallelen bzw. „tatbestandlichen Nähe zu kennzeichenrechtlichen Konstellationen" letztendlich doch lediglich den betreffenden Rechner bezeichnen würden und nicht die Person, welche Adressat der Botschaft ist, oder einen bestimmten Gewerbebetrieb oder dort angebotene Waren oder Dienstleistungen.[149] Zum anderen wird auf die allgemeine Systematik des Kennzeichenschutzes abgestellt, aus der sich ergebe, dass lediglich an dem „Wortzeichen eines Domain-Namens" (d.h. an der als Second-Level-Domain verwandten Bezeichnung) und nicht an dem Domain-Namen als solchem auf Grund der Benutzung im Internet Namensschutz i.S.d. § 12 BGB erworben werden könne. Hierfür wiederum sei entscheidend, ob der Domain von Hause aus eine originäre Namensfunktion zukomme, oder ob eine solche Namensfunktion erst durch den Erwerb von Verkehrgeltung entstehe, wobei diese Abgrenzung anhand von § 5 Abs. 2 MarkenG zu erfolgen habe. Ein solches Vorgehen stelle jedoch methodisch keine analoge Anwendung dieser markenrechtlichen Vorschrift dar, sondern vielmehr eine systematische Auslegung des § 12 BGB als Teil des gesamten Kennzeichenrechts.[150]

---

147 *Bücking*, NJW 1997, S. 1886, 1886 f.

148 *Kur*, CR 1996, S. 325, 326 f., 329; *Stratmann*, BB 1997, S. 689, 691 f.; *Schließ*, ZUM 1999, S. 307, 308 f.; *Fezer*, WRP 2000, S. 669, 673 f.; *Welzel*, MMR 2001, S. 131, 133 f.; differenzierend *Viefhues* in *Hoeren/ Sieber*, Teil 6.1 Rn. 58 f.

149 *Kur*, CR 1996, S. 325, 326 f., 329; *Stratmann*, BB 1997, S. 689, 691 f.

150 *Fezer*, WRP 2000, S. 669, 673 f.

Darüber hinaus wird angeführt, dass von vornherein überhaupt kein Grund für die problematische Qualifizierung von Internet-Domains als Namen i.S.d. bürgerlichen Rechts bestehe, da Domains gar keines eigenständigen Schutzes bedürften. Denn um einem anderen die Benutzung eines mit einem Domain-Namen kollidierenden Zeichens zu untersagen, reiche es vollkommen aus, dass die Domain mit der Aufnahme ihrer Benutzung am Schutz des (unabhängig vom Internet bereits vorher bestehenden) Namens ihres Inhabers teilnehme, wenn sie aus diesem abgeleitet sei. In einem derartigen Fall erstrecke sich der (unproblematisch) für den Namen des Domain-Inhabers bestehende, „normale" Kennzeichenschutz ferner auf die betreffende Internet-Domain (sog. „abgeleiteter Schutz").[151] Selbst für den Fall, dass Bezeichnungen zuerst als Second-Level-Domains und dann durch die jeweiligen Domain-Inhaber ebenso außerhalb des Internets Verwendung finden würden, reiche ein solch abgeleiteter Schutz aus. Denn auch in diesen Fällen beziehe sich der möglicherweise durch den Gebrauch entstehende Kennzeichenschutz auf die betreffende Bezeichnung als solche und nicht allein auf ihre technische Umsetzung als Domain.[152] Einzig in den Fällen, in welchen eine Bezeichnung ausschließlich als Domain-Name verwendet werde, könne man an einen eigenständigen Schutz von Internet-Domains über den Weg ihrer Qualifizierung als Name nachdenken. Jedoch sprächen selbst in solchen Fallkonstellationen, die im Übrigen in der Praxis nur äußerst selten auftreten würden, die unbestreitbaren Unterschiede zwischen beiden dagegen, in Domains Namen i.S.d. § 12 S. 1 BGB zu sehen.

So werde neben den bereits erörterten Bedenken die Identifizierungsfunktion von Internet-Domains bereits dadurch relativiert, dass Websites häufig nicht über die direkte Eingabe von Domain-Namen, sondern vielmehr mittels des Einsatzes von Suchmaschinen[153] aufgefunden würden.[154] Des Weiteren dienten Domains generell umso weniger der Kennzeichnung, je mehr sie sich von dem realen Namen des jeweiligen Anbieters unterscheiden würden.[155] Desgleichen würden die bzgl. des Erwerbs, der Aufgabe oder der Änderung eines Namens

---

[151] *Viefhues* in *Hoeren/Sieber*, Teil 6.1 Rn. 58.
[152] *Welzel*, MMR 2001, S. 131, 133.
[153] Siehe S. 34.
[154] *Wilmer*, CR 1997, S. 562, 563 ff.
[155] Vgl. *Schließ*, ZUM 1999, S. 307, 309.

i.S.d. § 12 S. 1 BGB regelmäßig anzuwendenden gesetzlichen Regelungen, wie etwa die im BGB enthaltenen familienrechtlichen Vorschriften oder das „Gesetz über die Änderung von Familiennamen und Vornamen" (NÄG), bei Internet-Domains nicht einmal annähernd passen.[156] Darüber hinaus erstrecke sich eine etwaige Namensfunktion von Domains naturgemäß jedenfalls zunächst einmal nur auf das Internet als ihren technischen Wirkungsbereich und sei demgemäß gegenüber Namen aus der „realen Welt" stark eingeschränkt. Denn diese würden umgekehrt sehr wohl gleichermaßen auf das Internet durchschlagen, was an der Rechtsprechung deutlich werde, die regelmäßig dem Träger eines Namens eine entsprechend ausgestaltete Internet-Domain zubillige.[157] Schließlich könne es jede Domain aus oben bereits dargelegten technischen Gründen nur ein einziges Mal geben,[158] wohingegen die Koexistenz mehrerer Inhaber desselben Namens sehr wohl möglich sei.[159]

(4) Stellungnahme

Im Rahmen einer Subsumtion von Internet-Domains unter den Begriff der Namen i.S.d. § 12 S. 1 BGB bestehen keine Zweifel daran, dass Domains, für die auf Grund ihrer grundsätzlich freien Wählbarkeit[160] einzig die Gruppe der Wahlnamen in Betracht kommt, gesprochen, gehört und geschrieben werden können. Problematisch wird es jedoch bereits bei dem zentralen Merkmal der Unterscheidungskraft. Grundsätzlich können nur solche Bezeichnungen Namen i.S.d. § 12 S. 1 BGB darstellen, die allein aus sich selbst heraus dazu in der Lage sind, ihren jeweiligen Träger bzw. Inhaber von anderen Personen oder Unternehmen zu unterscheiden. Von den einzelnen Bestandteilen eines Domain-Namens[161] verfügen weder Top-Level-Domains, gleich, ob es sich bei ihnen um generische oder geographische handelt, noch der vorangestellte technische Zusatz „http://" oder die Angabe des jeweiligen Netzdienstes wie z.B. „www"[162] über eine

---

[156] *Schließ*, ZUM 1999, S. 307, 309.
[157] *Welzel*, MMR 2001, S. 131, 134.
[158] Siehe S. 17 f.
[159] *Welzel*, MMR 2001, S. 131, 134.
[160] Siehe S. 18.
[161] Siehe S. 18 f.
[162] Siehe S. 6.

hinreichende Unterscheidungskraft, um den betreffenden Inhaber einer Domain von anderen im Internet präsenten Personen oder Unternehmen abzugrenzen.[163] Denn generische Top-Level-Domains geben, wie dargelegt, lediglich Auskunft darüber, welcher Gruppe von Internetnutzern der jeweilige Inhaber angehört bzw. welcher Art der Tätigkeit er nachgeht. Darüber hinaus ist noch nicht einmal diese Kategorisierung zwingend, da bspw. auch eine rein privat tätig werdende Person nicht daran gehindert ist, sich eine auf „.com" endende Domain registrieren zu lassen, die eigentlich auf einen kommerziell handelnden Anbieter hinweisen soll.[164] Ähnlich verhält es sich mit geographischen Top-Level-Domains, welche ausschließlich anzeigen, bei welcher nationalen Organisation der betreffende Domain-Name registriert wurde.[165] Noch weniger als diese Top-Level-Domains vermögen die am Anfang einer Domain stehende technische Protokollangabe, regelmäßig „http://",[166] oder die Nennung des grundsätzlich auf „www" lautenden Netzdienstes[167] eine nähere Eingrenzung des hinter einem bestimmten Domain-Namen stehenden Anbieters zu leisten. Demgemäß kommen einzig und allein Second-Level-Domains (bzw. die ihnen untergeordneten Subdomains)[168] als unterscheidungskräftige Bestandteile einer Domain in Betracht.[169]

Jedoch lässt sich selbst bei ihnen die Frage nach einer Unterscheidungskraft nicht pauschal bejahen oder verneinen. Denn neben Internet-Domains wie z.B. „http://www.coca-cola.de" oder „http://www.boris-becker.de", die eine unterscheidungskräftige Bezeichnung („Coca-Cola" bzw. „Boris Becker") als Second-Level-Domain enthalten, existieren ferner Domains wie bspw. „http://www.kostenlos.de", „http://www.versandkataloge.de" oder „http://www.deutschland.de", d.h. solche, die als Second-Level-Domains Worte der Umgangssprache, Gattungsbegriffe oder geographische Bezeichnungen beinhalten.

---

163 *LG Düsseldorf*, Urteil vom 18.06.1998 – 4 O 160/98 –, NJW-RR 1999, S. 629, 630 = http://www.netlaw.de/urteile/lgd_05.htm (01.10.2004).

164 Siehe S. 18.

165 Siehe S. 18.

166 Siehe S. 18 f.

167 Siehe S. 6.

168 Siehe S. 18.

169 *LG Düsseldorf*, Urteil vom 18.06.1998 – 4 O 160/98 –, NJW-RR 1999, S. 629, 630 = http://www.netlaw.de/urteile/lgd_05.htm (01.10.2004).

Solche allgemeinen Begriffe weisen jedoch grundsätzlich keine Unterscheidungskraft auf und stellen demzufolge, bis auf die Ausnahmen des ungewöhnlichen Gebrauchs oder der inzwischen erlangten Verkehrsgeltung, prinzipiell keine Namen i.S.d. § 12 S. 1 BGB dar. Ähnliche Probleme ergeben sich bei Domain-Namen, deren Second-Level-Domains auf Firmenabkürzungen oder Firmenschlagwörter lauten, da auch solchen Bezeichnungen eine Unterscheidungskraft und mithin ein Namensschutz durch § 12 BGB nur ausnahmsweise zugesprochen wird. Insgesamt erweist sich somit eine Subsumtion von Internet-Domains unter den Namensbegriff des § 12 S. 1 BGB als schwierig. Allenfalls kommen hierfür solche Domains in Betracht, die Bezeichnungen als Second-Level-Domains enthalten, welche ebenso außerhalb und losgelöst von der (Rest-) Domain den Anforderungen des § 12 S. 1 BGB gerecht werden und demzufolge auch allein als Namen im Rechtssinne einzustufen sind.

Darüber hinaus vermögen die Argumente derer, die sich für eine Einordnung von Internet-Domains als Namen i.S.d. bürgerlichen Rechts aussprechen, nicht zu überzeugen. Das LG Hamburg begründet die Qualifizierung von Domains als Namen hauptsächlich mit ihrer Namensfunktion, aus welcher es folgert, dass sie selbst Namen i.S.d. § 12 S. 1 BGB darstellen.[170] Dass ein solcher Rückschluss jedoch nicht möglich ist und stattdessen beide Fragen unabhängig und losgelöst voneinander betrachtet und letztlich beantwortet werden müssen, ist bereits dargestellt worden.[171]

Auch die Argumentation des OLG Hamburg, dass im Gegensatz zu Telegrammadressen Domain-Namen die einzige Möglichkeit darstellen würden, um die jeweiligen Inhaber über das betreffende Medium zu kontaktieren, diesbezüglich demnach zwingend erforderlich seien und mithin einen (selbständigen) Kennzeichenschutz per Qualifizierung als Namen benötigen würden,[172] ist nicht schlüssig. Denn bei dem Domain-Namen-System handelt es sich lediglich um eine Konstruktion, welche geschaffen wurde, um dem Internet-Benutzer zu ermöglichen, auch ohne die nur schwer einprägsamen IP-Nummern Internetseiten anzusteuern, indem Nameserver eingegebene Domains in die dazugehörigen IP-

[170] Siehe S. 44.
[171] Siehe S. 37 ff.
[172] Siehe S. 44 f.

Adressen übersetzen.[173] Hieraus wird ersichtlich, dass nicht nur mittelbar über einen Domain-Namen, sondern gleichermaßen unmittelbar über eine IP-Nummer eine Verbindung zu einem ans Internet angeschlossenen Rechner hergestellt werden kann,[174] so dass eine Domain gerade nicht die einzige Möglichkeit der Kontaktaufnahme via Internet darstellt.

Das von Seiten des Schrifttums vorgetragene Argument, statt einer rein technischen müsse eine wertende Betrachtung angestellt werden, nach welcher üblicherweise selbst der erfahrene Internet-Benutzer die in eine Buchstabenkombination bzw. in einen Domain-Namen übersetzte IP-Nummer gedanklich mit dem Namen des dahinter stehenden Anbieters gleichsetze,[175] ist zwar der Sache nach richtig. Jedoch kann es lediglich für die Begründung einer *kennzeichenrechtlichen Bedeutung* bzw. einer *Kennzeichenfunktion* von Internet-Domains und demgemäß ausschließlich zur Bejahung dessen herangezogen werden, dass Domain-Namen das Potential dazu haben, Kennzeichenrechte Dritter zu verletzen.[176] Die darüber hinausgehende Aussage, dass es sich bei Internet-Domains selbst um Namen i.S.d. § 12 S. 1 BGB handele, kann es hingegen nicht untermauern.

Des Weiteren vermag dieser Domains als Namen einordnende Ansatz von seinem Ergebnis her nicht zu überzeugen. Zum einen würde er eine Vielzahl von nur schwer lösbaren Problemen für die bestehende Praxis der Domain-Vergabe aufwerfen. So ergäben sich z.B. die Fragen, ob ein einmal registrierter Domain-Name durch seinen Inhaber wieder aufgegeben werden könnte, ob, wenn ja, dieser dann an einen neuen Inhaber vergeben werden dürfte, ob eine Vergabestelle für die Aufrechterhaltung einer bereits erfolgten Domain-Registrierung ein Entgelt verlangen könnte, oder ob eine Vergabestelle einen bestehenden Domain-Vertrag, etwa auf Grund ausbleibender Zahlungen, wieder kündigen dürfte. Zum anderen würden sich, wenn man Internet-Domains als Namen ansehen würde, in einem Fall, in dem sich jemand eine Domain registrieren ließe, welche den mit dem eigenen nicht identischen Namen eines Dritten als Second-Level-Domain enthielte, am Ende zwei Namen im Rechtssinne gegenüberstehen. Wie nun aber

---

[173] Siehe S. 17.
[174] *Plaß*, WRP 2000, S. 1077, 1078.
[175] Siehe S. 45 f.
[176] Siehe S. 37 ff.

diese Konkurrenz zwischen dem „normalen“ Namen des einen und der Internet-Domain mit Namenscharakter des anderen gelöst werden könnte, wäre völlig unklar und würde erneut rechtliche Schwierigkeiten aufwerfen. Würden die Vertreter der Auffassung, die in Domains Namen sehen, zur Lösung dieses Konkurrenzfalles einfach das kennzeichenrechtliche Prioritätsprinzip[177] anwenden und dem älteren „normalen“ Namen den Vorzug geben, würden sie ihre eigene Ansicht in Frage stellen. Denn da dieses Vorgehen nur bei Übereinstimmung der sich gegenüberstehenden Namen möglich wäre, müssten die Verfechter dieser Auffassung, um zu einer derartigen Übereinstimmung zu gelangen, alle Bestandteile, welche eine Internet-Domain erst zu einer solchen machen, d.h. die technische Protokollangabe (regelmäßig „http://“), die Angabe des Internetdienstes (z.B. „www“) und die jeweilige Top-Level-Domain außen vorlassen und einzig die als Second-Level-Domain verwandte Bezeichnung bzgl. des Identitätsvergleichs heranziehen. In einem solchen Fall, in dem bei der entscheidenden rechtlichen Wertung allein das Fragment der die Second-Level-Domain bildenden Bezeichnung übrig bleibt, noch zu vertreten, die *Gesamt-Domain* stelle einen Namen i.S.d. § 12 S. 1 BGB dar, wäre nur schwer nachvollziehbar.

Schließlich ist es für eine widerspruchsfreie Lösung von Konfliktfällen, welche die Einordnung von Internet-Domains in das bestehende Kennzeichenrecht mit sich bringt, gar nicht erforderlich, sich der Vielzahl der geschilderten Schwierigkeiten auszusetzen, die durch eine Qualifizierung von Domains als Namen auftreten würden. Denn der für den Namen bzw. die Firma des Domain-Inhabers bestehende „normale“ Kennzeichenschutz erstreckt sich gleichfalls auf die diese Bezeichnung als Second-Level-Domain enthaltende Internet-Domain. Diese Form des *abgeleiteten Schutzes* führt zum einen dazu, dass sich der Inhaber einer kennzeichenrechtlich geschützten Bezeichnung allein durch die Geltendmachung dieses Kennzeichenrechts gegen die Verwendung seiner Bezeichnung innerhalb der Domain eines Dritten zur Wehr setzen kann. Zum anderen lassen sich durch diesen abgeleiteten Schutz ebenso jene Fälle befriedigend lösen, in denen sich zunächst jemand einen Domain-Namen registrieren lässt, der eine „neue“, d.h. weder durch ein eigenes noch durch das Kennzeichenrecht eines Dritten geschützte Bezeichnung als Second-Level-Domain enthält und spä-

[177] Siehe S. 30.

ter ein Dritter diese Bezeichnung innerhalb einer Domain oder in sonstiger Weise verwendet. Denn der Namensschutz bei Bezeichnungen, die nicht bürgerliche Namen darstellen, beginnt entweder mit der bloßen Ingebrauchnahme im geschäftlichen Verkehr oder jedenfalls mit der Erlangung von Verkehrsgeltung.[178] Diese allgemeinen Grundsätze hat die Rechtsprechung richtigerweise ebenso auf innerhalb von Internet-Domains verwandte Begriffe angewendet und jemandem, der eine vorher nicht kennzeichenrechtlich geschützte Bezeichnung als Second-Level-Domain gebraucht hatte, allein durch die Benutzung des Domain-Namens im Internet und die Wiedergabe des betreffenden Begriffes auf der konnektierten Homepage ein Kennzeichenrecht an dieser Bezeichnung zugestanden.[179] Das LG Düsseldorf führt dazu aus, dass die Verwendung einer Domain dann Namens- bzw. sonstige Kennzeichenrechte an dem die Second-Level-Domain bildenden Begriff begründet, „wenn... (die Internet-Domain) aus einer unterscheidungskräftigen Bezeichnung besteht, die von den angesprochenen Verkehrskreisen als Name oder besondere Geschäftsbezeichnung des Inhabers gewertet wird."[180] Wenn hierdurch erst einmal ein Kennzeichenrecht an dem betreffenden Begriff entstanden ist, kann sein Inhaber von diesem Moment an gegen dessen Verwendung durch einen Dritten, ob nun im Rahmen eines Domain-Namens oder außerhalb des Internets, wiederum im Wege des abgeleiteten Schutzes vorgehen. Damit ist es gleichsam für die Lösung dieser Konfliktfälle nicht erforderlich, die in vielerlei Hinsicht problematische Einordnung von Domains als Namen vorzunehmen. Alles in allem ist deshalb festzuhalten, dass es sich bei Internet-Domains ihrer Rechtsnatur nach nicht um Namen i.S.d. § 12 S. 1 BGB handelt.

---

[178] Siehe S. 43.

[179] *LG Düsseldorf*, Urteil vom 18.06.1998 – 4 O 160/98 –, CR 1998, S. 688 ff. mit Anm. *Withöft* = NJW-RR 1999, S. 629 ff.; vgl. diesbezüglich auch *BVerfG*, Beschluss vom 24.11.2004 – 1 BvR 1306/02 –, NJW 2005, S. 589, 590, wonach dem Inhaber einer Internet-Domain an der die Second-Level-Domain bildenden Zeichenfolge eine marken- oder kennzeichenrechtlich begründete Rechtsstellung zukommen kann.

[180] *LG Düsseldorf*, Urteil vom 18.06.1998 – 4 O 160/98 –, CR 1998, S. 688 ff. mit Anm. *Withöft* = NJW-RR 1999, S. 629 ff.

bbb) Internet-Domains als Marken i.S.d. § 1 Nr. 1, § 3 Abs. 1 MarkenG

Bei Domain-Namen könnte es sich allerdings um solche Kennzeichen handeln, die durch das MarkenG geschützt werden. Bevor man sich jedoch mit einzelnen von ihnen auseinandersetzen kann, erscheint es sinnvoll, sich einen Überblick über die Terminologie dieses Regelwerks zu verschaffen.

Innerhalb des MarkenG stellt das „Kennzeichen" den Oberbegriff dar, was sich aus der amtlichen Überschrift zu § 1 MarkenG ergibt, welche zwischen „Marken" und „sonstigen Kennzeichen" unterscheidet. Dieses Kennzeichen wiederum umfasst die drei in § 1 MarkenG enumerativ aufgeführten Untergruppen der „Marken", „geschäftlichen Bezeichnungen" und „geographischen Herkunftsangaben". Der darüber hinaus z.B. in § 3 MarkenG verwendete Begriff des „Zeichens" meint im Gegensatz zum „Kennzeichen" als rechtlich geschütztem Kennzeichnungsmittel das real verwendete Kennzeichnungsmittel.[181]

(1) Definition

Das MarkenG enthält keine eindeutige und umfassende Definition des Begriffes einer „Marke" i.S.d. § 1 Nr. 1, § 3 Abs. 1 MarkenG. § 3 Abs. 1 MarkenG, nach welchem „als Marken alle Zeichen, insbes. Wörter einschließlich Personennamen, Abbildungen, Buchstaben, Zahlen, Hörzeichen, dreidimensionale Gestaltungen einschließlich der Form einer Ware oder ihrer Verpackung sowie sonstige Aufmachungen einschließlich Farben und Farbzusammenstellungen geschützt werden können, die geeignet sind, Waren oder Dienstleistungen eines Unternehmens von denjenigen anderer Unternehmen zu unterscheiden", umschreibt lediglich die grundsätzlich denkbaren äußeren Erscheinungsformen einer Marke. Daneben führt § 4 MarkenG die zugelassenen Entstehungstatbestände auf, nach denen formal zwischen „Registermarken" (§ 4 Nr. 1 MarkenG), „Benutzungsmarken" (§ 4 Nr. 2 MarkenG) und „Notorietätsmarken" (§ 4 Nr. 3 MarkenG) differenziert werden kann.[182]

---

[181] *Ingerl/Rohnke*, § 1 Rn. 4.
[182] Bzgl. der Begriffe siehe *Fezer*, § 1 MarkenG Rn. 5.

Nach traditionellem Verständnis besteht die grundlegende Eigenschaft von Marken darin, dass sie den Namen für ein (wie auch immer geartetes) *Produkt* eines Unternehmens darstellen. Dieses ergibt sich bereits aus dem Wortlaut des § 3 Abs. 1 MarkenG, nach welchem charakteristisches Merkmal einer Marke deren Fähigkeit ist, „Waren oder Dienstleistungen eines Unternehmens von denjenigen anderer Unternehmen zu unterscheiden". Gerade hierdurch grenzen sich Marken im Grundsatz von „geschäftlichen Bezeichnungen" i.S.d. § 1 Nr. 2, § 5 MarkenG ab, die jedenfalls hinsichtlich der Untergruppe der Unternehmenskennzeichen gem. § 5 Abs. 2 MarkenG „als Name, als Firma oder als besondere Bezeichnung eines Geschäftsbetriebs oder eines Unternehmens benutzt werden" (§ 5 Abs. 2 S. 1 MarkenG) bzw. „zur Unterscheidung des Geschäftsbetriebs von anderen Geschäftsbetrieben" bestimmt sind (§ 5 Abs. 2 S. 2 MarkenG). Demgemäß lassen sich Marken und geschäftliche Bezeichnungen zumindest dann, wenn es sich bei Letzteren um Unternehmenskennzeichen handelt, anhand ihres jeweiligen Kennzeichnungsobjektes (bei Marken Unternehmens*produkte*, bei geschäftlichen Bezeichnungen bzw. Unternehmenskennzeichen *Unternehmen als solche*) voneinander unterscheiden.[183] Jedoch ist diese traditionelle Grenzziehung heute nicht mehr strikt und frei von Überschneidungen. Insbes. seitdem mit Inkrafttreten des MarkenG am 01.01.1995 Marken für Dienstleistungen ebenfalls unter den Schutz des Kennzeichenrechts gestellt sind, verschwimmt diese Grenze zunehmend. Denn eine derartige Dienstleistungsmarke wird vom Rechtsverkehr in aller Regel mehr als Hinweis auf das die Dienstleistung offerierende Unternehmen denn als ein solcher auf die Dienstleistung selbst verstanden.[184] Darüber hinaus besteht anerkanntermaßen zwischen Marken und geschäftlichen Bezeichnungen kein Ausschließlichkeitsverhältnis dergestalt, dass ein bestimmtes, zur Kennung verwendetes Zeichen nur eines von beiden darstellen kann. Vielmehr handelt es sich bei ihm, wenn es sowohl die Voraussetzungen der §§ 3 und 4 MarkenG als auch diejenigen des § 5 MarkenG erfüllt (was heute für eine Vielzahl der bekanntesten Kennzeichen wie etwa „Coca-Cola" zutrifft), gleichermaßen um eine Marke *und* um eine geschäftliche Be-

---

[183] *Fezer*, Einl. MarkenG Rn. 16 und § 1 MarkenG Rn. 6.
[184] *Ingerl/Rohnke*, § 1 Rn. 5.

zeichnung, wodurch es quasi in doppelter Hinsicht durch das MarkenG geschützt ist.[185]

Für die Definition von Marken sind des Weiteren die sog. *„Markenfunktionen"* bedeutsam, welche durch Rechtsprechung und Schrifttum zum Markenbegriff des WZG als dem Vorgänger des MarkenG entwickelt wurden.[186] Unter diesem Terminus werden die Aufgaben und Wirkungen zusammengefasst, die einer Marke im Rechtsverkehr zukommen.[187] Die Grundfunktion, an die sich alle weiteren Markenfunktionen anlehnen bzw. an der sie sich orientieren, ist die *„Unterscheidungsfunktion"*.[188] Diese beschreibt den bereits erwähnten Zweck einer Marke, Waren oder Dienstleistungen eines Unternehmens von denjenigen anderer Unternehmen abzugrenzen.[189] Zum Teil wird diese Funktion synonym als *„Individualisierungs- bzw. Identifizierungsfunktion"* bezeichnet. Hiermit soll hervorgehoben werden, dass die Marke ein Produkt innerhalb der Anonymität des Marktgeschehens individualisiert und dem Kunden die Identifikation desselben aus der Masse ähnlicher Waren oder Dienstleistungen heraus ermöglicht.[190]

Auf dieser Basisfunktion fußen diverse weitere Markenfunktionen, wie etwa die „Herkunftsfunktion", die „Garantiefunktion", die „Qualitäts- bzw. Vertrauensfunktion", die „Werbefunktion" und schließlich die „Kommunikationsfunktion". Unter der *Herkunftsfunktion* versteht man die Aufgabe einer Marke, auf die Herkunft eines Produktes aus einem bestimmten Betrieb hinzuweisen.[191] Hierin wird eine Art von Produktverantwortung des Markeninhabers gesehen, der sich aus Sicht des Verbrauchers zu seinen Produkten als unternehmerische Leistung bekennt.[192] Die *Garantie-* und die *Qualitäts- resp. Vertrauensfunktion* um-

---

185 *Ingerl/Rohnke*, § 1 Rn. 5; *Fezer*, Einl. MarkenG Rn. 16; vgl. diesbezüglich schon *Bußmann*, FS für *Raape*, S. 131, 131 f.

186 Vgl. *BVerfG*, Beschluss vom 22.01.1997 – 2 BvR 1915/91 –, WRP 1997, S. 424, 428 f.; *Kunz-Hallstein*, FS 100 Jahre Marken-Amt, S. 147 ff.; *Tilmann*, ZHR 1994, S. 371 ff.; *Kaltner*, EWS 1995, S. 12 ff.; *Mangini*, GRUR Int. 1996, S. 462 ff.

187 *Fezer*, Einl. MarkenG Rn. 30.

188 *Schluep*, S. 68 f. und 81 f.; *Vanzetti*, GRUR Int. 1965, S. 128, 132 f.; *Troller*, GRUR Int. 1967, S. 261, 265; *Sack*, GRUR 1972, S. 402 ff. und 445 ff.

189 *Fezer*, Einl. MarkenG Rn. 30.

190 *Fezer*, Einl. MarkenG Rn. 30.

191 *Ingerl/Rohnke*, Einl. Rn. 33.

192 Vgl. *BGH*, Urteil vom 07.04.1965 – I b ZR 32/63 –, GRUR 1966, S. 45 ff. mit Anm. *Hoepffner* – „Markenbenzin"; *Baumbach/Hefermehl*, Einl. WZG Rn. 16.

schreiben den Zweck einer Marke, bestimmte Eigenschaften des jeweiligen Produktes zu garantieren[193] und Gewähr dafür zu übernehmen, dass der jeweilige Markeninhaber für die (gleich bleibende) Qualität seiner Produkte Verantwortung übernimmt bzw. der Rechtsverkehr hierauf Vertrauen kann.[194] Ob allerdings derartige Markenfunktionen rechtlich anzuerkennen sind, ist äußerst streitig.[195] Gleiches gilt sowohl für die *Werbefunktion*, unter der man die einer Marke eigene Suggestiv- und Attraktionskraft versteht,[196] als auch für die *Kommunikationsfunktion*, welche die auf Grund einer Marke bestehende Kommunikationsbeziehung zwischen Markeninhaber und Verbraucher beschreibt.[197]

Hinsichtlich einer Einordnung von Internet-Domains als Marken kämen von den in § 3 Abs. 1 MarkenG aufgezählten Bsp. allein Zeichen in Form von Wörtern einschließlich Personennamen, Buchstaben oder Zahlen in Betracht, die hinsichtlich unternehmerischer Waren oder Dienstleistungen unterscheidungsfähig sind. Bei „Zeichen" handelt es sich um in der realen Welt verwendete Kennzeichnungsmittel,[198] die schlicht mit den menschlichen Sinnesorganen oder zumindest mit entsprechenden Hilfsmitteln wahrnehmbar sein müssen.[199] Sie stehen quasi stellvertretend für das von ihnen Bezeichnete, woraus folgt, dass sie sich begrifflich von den Waren oder Dienstleistungen unterscheiden müssen, welche sie repräsentieren. Dies entspricht dem im ehemaligen WZG verwende-

---

193 *Ingerl/Rohnke*, Einl. Rn. 33.

194 *EuGH*, Urteil vom 17.10.1990 – C-10/89 –, GRUR Int. 1990, S. 960 ff., Rn. 13 – „HAG II"; *ders.*, Urteil vom 22.06.1994 – C-9/93 –, GRUR Int. 1994, S. 614 ff., Rn. 37 – „Ideal Standard"; *ders.*, Urteil vom 11.07.1996 – C-427/93, C-429/93 und C-436/93 –, GRUR Int. 1996, S. 1144, Rn. 43 – „Bristol-Myers-Squibb"; *ders.*, Urteil vom 11.07.1996 – C-71/94, C-72/94 und C-73/94 –, WRP 1996, S. 867 ff., Rn. 30 – „Eurim-Pharm/ Beiersdorf"; *ders.*, Urteil vom 11.07.1996 – C-232/94 –, WRP 1996, S. 874 ff., Rn. 16 – „MPA Pharma/Rhône-Poulenc Pharma"; *ders.*, Urteil vom 29.09.1998 – C-39/97 –, GRUR 1998, S. 922 ff., Rn. 28 – „Canon".

195 Vgl. *RG*, Urteil vom 28.06.1939 – II 161/38 –, GRUR 1939, S. 852 ff.; *BGH*, Urteil vom 22.01.1964 – I b ZR 92/62 –, BGHZ 41, S. 84 ff.; *ders.*, Urteil vom 07.04.1965 – I b ZR 32/63 –, GRUR 1966, S. 45 ff. mit Anm. *Hoepffer*; *ders.*, Urteil vom 29.06.1966 – I b ZR 99/64 –, GRUR 1967, S. 100, 103 f.; *ders.*, Urteil vom 21.06.1967 – VIII ZR 26/65 –, BGHZ 48, S. 118, 122 f.; *ders.*, Urteil vom 30.10.1983 – I ZR 7/80 –, GRUR 1982, S. 115, 116 mit Anm. *Bauer*.

196 *Jsay*, GRUR 1929, S. 23 ff.; *Schluep*, S. 76 ff.

197 *Fezer*, Einl. MarkenG Rn. 34.

198 Siehe S. 54.

199 *Ingerl/Rohnke*, § 3 Rn. 6.

ten Terminus der „Selbständigkeit des Zeichens“[200]. Es ist also notwendige Voraussetzung eines Zeichens i.S.d. § 3 Abs. 1 MarkenG, dass das betreffende Kennzeichnungsmittel gedanklich von dem jeweiligen Produkt abstrahierbar und in diesem Sinne selbständig ist.[201]

Des Weiteren muss das Zeichen gem. § 3 Abs. 1 MarkenG geeignet sein, „Waren oder Dienstleistungen eines Unternehmens von denjenigen anderer Unternehmen zu unterscheiden“. Hierbei handelt es sich um eine *abstrakte* Eignung zur Unterscheidung, d.h., dass das Zeichen in einem beliebigen, theoretisch vorstellbaren Fall zur Unterscheidung fähig sein muss.[202] Der Sammelbegriff „Waren oder Dienstleistungen eines Unternehmens“ wiederum ist so zu verstehen, dass er das gesamte Angebotsspektrum sämtlicher denkbarer unternehmerischer Leistungen erfasst, so dass eine Marke für jede wirtschaftliche Tätigkeit denkbar ist.[203]

Für die in § 3 Abs. 1 MarkenG beispielhaft aufgeführten und für Domains relevanten Zeichenformen der Wörter einschließlich Personennamen, Buchstaben und Zahlen gilt Folgendes: Sog. „Wortmarken“ können aus einem einzelnen Wort oder aus mehreren Wörtern bestehen („Mehrwortmarken“), wobei selbst ein kurzer Satz wie etwa ein Werbeslogan unter § 3 Abs. 1 MarkenG fallen kann,[204] nicht aber ein längerer Text.[205] Es spielt hierbei keine Rolle, ob die Wörter aus der deutschen oder aus einer anderen Sprache stammen.[206] Voraussetzung ist allein, dass den betreffenden Wörtern eine abstrakte Unterscheidungskraft im oben genannten Sinne zukommt. An diese sind jedoch keine allzu hohen Anforderungen zu stellen, da selbst beschreibende Angaben, Wörter des allgemeinen Sprachgebrauchs oder Gattungsbezeichnungen eine solche abs-

---

200 Vgl. diesbezüglich beispielhaft *BGH*, Urteil vom 14.07.1961 – I ZR 44/59 –, BGHZ 35, S. 341, 345 – „Buntstreifensatin“; *ders.*, Urteil vom 22.10.1969 – I ZR 47/68 –, GRUR 1970, S. 141 ff. mit Anm. *Heydt* – „Europharma“; *ders.*, Beschluss vom 16.05.1975 – I ZB 6/74 –, GRUR 1975, S. 550, 551 mit Anm. *Schulze zur Wiesche* – „Drahtbewehrter Gummischlauch“.

201 *Ingerl/Rohnke*, § 3 Rn. 6.

202 *Ingerl/Rohnke*, § 3 Rn. 16.

203 *Ingerl/Rohnke*, § 3 Rn. 17.

204 *Fezer*, § 3 MarkenG Rn. 241; a.A. *BPatG*, Beschluss vom 01.10.1997 – 26 W (pat) 11/97 –, GRUR 1998, S. 712 f. – „Welch ein Tag“; *Schmieder*, NJW 1992, S. 1257, 1258.

205 *Ingerl/Rohnke*, § 3 Rn. 7; *Fezer*, § 3 MarkenG Rn. 241.

206 *Ingerl/Rohnke*, § 3 Rn. 22.

trakte Unterscheidungskraft aufweisen und mithin, wenn die weiteren Voraussetzungen vorliegen, prinzipiell Marken darstellen können (sog. „Markenfähigkeit“). So hat z.B. das Wort „Tisch“ abstrakte Unterscheidungskraft hinsichtlich aller Waren, die nicht Tische sind. Jedoch muss bei solchen Begriffen darauf geachtet werden, dass ihnen eventuell die *konkrete* Unterscheidungskraft i.S.d. § 8 Abs. 2 Nr. 1 MarkenG, d.h. diejenige bzgl. der im Einzelfall bezeichneten Ware oder Dienstleistung, und damit die von der Markenfähigkeit zu unterscheidende Eintragungsfähigkeit fehlt. Daneben kann für derartige Wörter ein aktuelles Freihaltebedürfnis bestehen (vgl. § 8 Abs. 2 Nr. 1, 2 und 3 MarkenG), was jedoch durch eine entsprechende Verkehrsgeltung nach § 8 Abs. 3 MarkenG ausgeglichen werden kann.[207]

Unter den in § 3 Abs. 1 MarkenG als Untergruppe von Wörtern explizit aufgeführten Begriff der „Personennamen“ fallen sowohl die Namen natürlicher und juristischer Personen als auch diejenigen namensfähiger Personengemeinschaften (PartG, Partenreederei, GbR, nichtrechtsfähiger Verein).[208] Demgemäß erstreckt sich dieser Begriff insbes. auf den bürgerlichen Namen einer natürlichen Person[209] und die Firma eines Kaufmannes. „Buchstaben“ i.S.d. § 3 Abs. 1 MarkenG können sowohl Einzelbuchstaben als auch Buchstabenkombinationen sein, wobei unerheblich ist, ob diese aussprechbar sind oder, wie etwa bei Abkürzungen, einen erkennbaren Sinngehalt aufweisen.[210] Der Begriff der „Zahlen“ schließlich umfasst neben allen Ziffern von 1 bis 9[211] sämtliche aus diesen zusammengesetzte Ziffernfolgen.[212] Für den Fall jedoch, dass eine Zahl als Zahlwort ausgeschrieben ist, handelt es sich bei ihr nicht um eine Zahl i.S.d. § 3 Abs. 1 MarkenG, sondern vielmehr um ein Wort im Sinne dieser Vorschrift.[213]

---

207 *Fezer*, § 3 MarkenG Rn. 242.
208 *Fezer*, § 3 MarkenG Rn. 245 f.
209 Siehe S. 39.
210 *Ingerl/Rohnke*, § 3 Rn. 24.
211 Vgl. *BGH*, Beschluss vom 09.02.1995 – I ZB 21/92 –, GRUR 1997, S. 366 ff. – „quattro II“.
212 *Ingerl/Rohnke*, § 3 Rn. 25; *Fezer*, § 3 MarkenG Rn. 243.
213 *Ingerl/Rohnke*, § 3 Rn. 25.

(2) Rechtsprechung

Die Judikatur hat sich bisher noch nicht mit der Frage auseinandergesetzt, ob es sich bei Internet-Domains selbst um Marken i.S.d. § 1 Nr. 1, § 3 Abs. 1 MarkenG handelt. Stattdessen hatte sie bislang nur zu entscheiden, ob die Verwendung einer Domain, welche als Second-Level-Domain die Marke eines Dritten enthält, dessen Markenrecht verletzt, wobei wie bereits erwähnt, zwischen beiden Komplexen nicht immer korrekt unterschieden worden ist.[214] Lediglich vereinzelt weisen die Gerichte ausdrücklich darauf hin, dass es für einen Unterlassungsanspruch des Markeninhabers gegen den Verwender einer entsprechenden Domain nach § 14 Abs. 2 und 5 MarkenG nicht darauf ankomme, ob der Domain-Name selbst eine Marke darstelle. So führt bspw. das LG Düsseldorf in einem Urteil aus: „Entscheidend ist letztlich aber allein, dass die Verwendung der Domain ein anderes Markenrecht verletzt (...). Anknüpfungspunkt ist nicht die Rechtsnatur der Domain-Adresse, sondern vielmehr jene der Kennzeichnung der Klägerin, die ohne weiteres eine Marke i.S.d. § 4 MarkenG darstellt."[215]

(3) Literatur

Das Schrifttum ist sich bzgl. der Frage, ob Internet-Domains Marken nach § 1 Nr. 1, § 3 Abs. 1 MarkenG darstellen, uneinig.

(a) Befürwortend

Ein kleiner Teil des Schrifttums erkennt Domains als Marken i.S.d. MarkenG an.[216] Als Begründung hierfür wird ausgeführt, der Umstand, dass Domain-Namen häufig aus Unternehmenskennzeichen abgeleitet seien, schließe bei entsprechender Verwendung zusätzlich einen „eigenständigen Schutz als Marke" nicht aus. Die Frage, ob Internet-Domains als Marken zu begreifen seien, könne jedoch nicht pauschal für sämtliche Domains beantwortet werden. Vielmehr

---

[214] Siehe S. 37.

[215] *LG Düsseldorf*, Urteil vom 04.04.1997 – 34 O 191/96 –, NJW-RR 1998, S. 979, 981 = http://www.online-recht.de/vorent.html?LGDuesseldorf970404+ref=Kennzeichenrecht (01.10.2004) – „epson.de".

[216] *Wiebe*, CR 1998, S. 157, 161 ff.; *Kleespies*, GRUR 2002, S. 764, 774; diese Möglichkeit lediglich ausnahmsweise bejahend *Plaß*, WRP 2000, S. 1077, 1080.

müsse bei jedem Domain-Namen einzeln danach gefragt werden, ob er hinreichend viele der anerkannten Kennzeichnungs- bzw. Markenfunktionen[217] erfülle, um als Marke eingestuft zu werden.[218]

Unproblematisch sei hierbei die Bejahung der Kommunikationsfunktion, da das Internet letztlich ein gewöhnliches Kommunikationsmedium sei und die Domain insoweit als Hinweis auf den Absender der Kommunikation verstanden werden müsse, welcher sich der im Internet bestehenden technischen Gegebenheiten bediene, um Informationen am Markt zu vermitteln.[219] Schwieriger sei hingegen die Frage zu beantworten, ob dem einzelnen Domain-Namen gleichfalls eine Identifizierungsfunktion zukomme. Hierbei sei entscheidend, welche Leistung genau durch die Internet-Domain von anderen Leistungen unterschieden und (anknüpfend an die Herkunftsfunktion) der Herkunft nach gekennzeichnet werden soll. Diesbezüglich wird sowohl auf die Homepage selbst als auch auf die dort darüber hinaus angebotenen Waren oder Dienstleistungen als mögliche Bezugspunkte abgestellt. Zwar spreche vieles dafür, das Informationsangebot als solches als Leistung anzusehen, welche über die Adresse zugänglich gemacht und mithin unmittelbar gekennzeichnet werde. In diesem Fall würde dann die Internet-Adresse der Bezeichnung über die Herkunft dieses Informationsangebotes aus einem bestimmten Unternehmen und der Unterscheidung dieses Angebotes von anderen dienen. Gerade die stetig wachsende Verbreitung von Hinweisen auf Domain-Namen außerhalb des Internets, bspw. innerhalb der Werbung, lasse jedoch Zweifel darüber aufkommen, ob Domains tatsächlich allein der Identifizierung des schlichten Internetangebotes dienten, oder ob sie aus Sicht der angesprochenen Verkehrskreise nicht vielmehr die auf den betreffenden Websites offerierten Produkte bezeichnen würden. Je mehr die Bedeutung des Internets als Kommunikationsmedium im Vergleich zu anderen derartigen Medien wachse, desto mehr trete seine Vermittlungsfunktion zwischen den feilgebotenen Produkten einerseits und den potentiellen Kunden andererseits in

---

217 Siehe S. 56 f.

218 *Wiebe*, CR 1998, S. 157, 161 f.; ähnlich, ohne jedoch explizit auf die einzelnen Markenfunktionen abzustellen *Plaß*, WRP 2000, S. 1077, 1080.

219 *Wiebe*, CR 1998, S. 157, 161.

den Vordergrund und desto mehr kämen auch die angebotenen Waren oder Dienstleistungen als Kennzeichnungsobjekte von Domain-Namen in Betracht.[220]

Darüber hinaus müsse bei der Frage nach dem Bezugspunkt der kennzeichnenden Wirkung einer Domain der Inhalt der betreffenden Internetseiten einbezogen werden. Wenn sich bspw. das Informationsangebot auf einer Website beinahe ausschließlich in der Werbung für ein dort offeriertes Produkt erschöpfe, sei diese Homepage als „unselbständige Nebenleistung" zu bewerten, welche nicht als eigenständiges Angebot auf dem Markt erscheine und mithin keinen autonomen Markenschutz für sich in Anspruch nehmen könne.[221] Des Weiteren müsse bei dieser Frage auch eine ökonomische Sicht berücksichtigt werden, nach der sich Geschäfte über das Internet in drei Phasen aufteilen ließen, nämlich in die „Informations-", die „Vereinbarungs-" und die „Abwicklungsphase". Während es bei der ersten hauptsächlich um die Werbung für ein bestimmtes Produkt gehe, finde in der zweiten der Geschäftsabschluss und in der dritten der Austausch von Leistung und Gegenleistung statt. Je mehr nun der Inhalt einer Internetseite den letzten beiden Phasen zugeordnet werden könne, desto mehr könne man dieser Website im Vergleich zu den, auf ihr gehandelten Produkten eine eigenständige Bedeutung beimessen und sie mithin als Kennzeichnungsobjekt der betreffenden Domain ansehen. Alles in allem müssten die Fragen, was genau von einer Internet-Domain gekennzeichnet werde und ob ihr diesbezüglich eine Individualisierungsfunktion mit der Folge zukomme, dass sie eine Marke i.S.d. MarkenG darstelle, abhängig von dem jeweiligen Domain-Namen von Fall zu Fall entschieden werden.[222]

(b) Ablehnend

Der ganz überwiegende Teil des Schrifttums lehnt es jedoch ab, Domains als Marken i.S.d. § 1 Nr. 1, § 3 Abs. 1 MarkenG anzuerkennen.[223] Als Begründung

---

220 *Wiebe*, CR 1998, S. 157, 162.
221 *Wiebe*, CR 1998, S. 157, 162.
222 *Wiebe*, CR 1998, S. 157, 163.
223 *Omsels*, GRUR 1997, S. 328, 329 f.; *Stratmann*, BB 1997, S. 689, 691 f.; *Völker/Weidert*, WRP 1997, S. 652, 663; *Schließ*, ZUM 1999, S. 307, 309 ff.; *Fezer*, WRP 2000, S. 669, 670 ff.; *ders.*, § 3 MarkenG Rn. 303 ff.; *Kort*, DB 2001, S. 249, 251 f., 257; *Welzel*, MMR 2001, S. 131, 133 f.; *Viefhues* in *Hoeren/Sieber*, Teil 6.1 Rn. 62.

hierfür wird, genau wie bzgl. Namen i.S.d. § 12 S. 1 BGB, ausgeführt, ein Kennzeichen (und damit auch eine Marke) individualisiere und identifiziere eine natürliche oder juristische Person, einen Geschäftsbetrieb oder ein Produkt. Ein Domain-Name hingegen identifiziere unmittelbar lediglich den an das Internet angeschlossenen Computer, nicht jedoch dessen Benutzer, seinen Gewerbebetrieb oder gar seine Produkte.[224] Darüber hinaus wird ein Vergleich mit den in ihrer Funktionsweise ähnlichen Telefonnummern angestellt, die genauso wenig wie Domains eines der drei durch das MarkenG geschützten Kennzeichen nach § 1 Nr. 1, 2 und 3 MarkenG darstellen würden.[225] Zwar bestehe durchaus die Möglichkeit, an dem „Wortzeichen" eines Domain-Namens (und damit an der als Second-Level-Domain verwandten Bezeichnung) sowohl per Eintragung desselben in das Markenregister des Patentamtes gem. § 4 Nr. 1 MarkenG eine Registriermarke[226] als auch durch die Benutzung der Internet-Domain im geschäftlichen Verkehr und die Erlangung von Verkehrsgeltung nach § 4 Nr. 2 MarkenG eine Benutzungsmarke zu erwerben.[227] Letzterem stehe ferner nicht entgegen, dass beim elektronischen Handel im Internet der Bezug zur Ware nur virtueller Natur sei, da auch ein zumindest konkreter Produktbezug ausreiche. Dieser wiederum sei bei angebotenen Waren wegen der Möglichkeit zur bildlichen Wiedergabe evident und ebenso bei feilgebotenen Dienstleistungen unter den Voraussetzungen vorhanden, dass dem Domain-Namen Unterscheidungskraft zukomme und er eine Assoziation in Bezug auf die betreffende Dienstleistung hervorrufe.[228] Jedoch bedeute dies nicht gleichzeitig, dass die Internet-Domain „als solche" (und damit die Gesamt-Domain) eine Marke i.S.d. MarkenG darstelle, da diese beiden Fragestellungen strikt voneinander unterschieden werden müssten.[229]

---

[224] *Stratmann*, BB 1997, S. 689, 691 f.

[225] *Fezer*, § 3 MarkenG Rn. 303.

[226] *Völker/Weidert*, WRP 1997, S. 652, 663; *Fezer*, WRP 2000, S. 669, 671 f.; *ders.*, § 3 MarkenG Rn. 307 f.

[227] *Fezer*, WRP 2000, S. 669, 671 f.; *ders.*, § 3 MarkenG Rn. 309 ff.; diese Möglichkeit zwar in der Theorie anerkennend, sie jedoch in der Praxis in aller Regel verneinend *Omsels*, GRUR 1997, S. 328, 329 f.

[228] *Fezer*, § 3 MarkenG Rn. 309 ff.; *Kort*, DB 2001, S. 249, 251 f.

[229] *Fezer*, WRP 2000, S. 669, 670; *Kort*, DB 2001, S. 249, 251, 257.

Des Weiteren sei die Frage, ob Domains einen eigenständigen kennzeichenrechtlichen Schutz (bspw. als Marke) genießen, eng damit verbunden, ob sie eines solchen eigenständigen Schutzes überhaupt „bedürften". Dieses wiederum wäre nur dann der Fall, wenn ein solcher Schutz geltend gemacht werden müsste, um einem anderen die Benutzung eines bestimmten, kollidierenden Zeichens zu untersagen,[230] was jedoch, genau wie bei Namen, ebenso hinsichtlich einer Marke i.S.d. § 1 Nr. 1, § 3 Abs. 1 MarkenG zu verneinen sei. Auch bei einem aus einer eingetragenen Marke abgeleiteten Domain-Namen stelle dieser lediglich eine Anwendungsform der betreffenden Marke dar, wobei Rechte unmittelbar aus der eingetragenen Marke selbst geltend gemacht werden könnten. Für den Fall, dass die Domain aus einer von der Firma verschiedenen und nicht als Marke eingetragenen Bezeichnung abgeleitet sei, könne diese zwar durch Erlangung von Verkehrsgeltung nach § 4 Abs. 2 MarkenG Schutz erlangen. Jedoch beziehe sich dieser Schutz (zumindest auch) auf die als Second-Level-Domain verwandte Bezeichnung, so dass eine Internet-Domain selbst in diesem Falle keines eigenständigen Schutzes bedürfe.[231] Dies gelte jedenfalls für solche Bezeichnungen, die zunächst als Domains registriert und anschließend von ihren Inhabern gleichermaßen außerhalb des Internets benutzt würden.[232] Einzig in solchen Fällen, in denen ein Domain-Name ausschließlich im Internet verwendet würde, könne man an einen eigenständigen Kennzeichenschutz denken. Jedoch dürfe selbst in einem solchen Fall, der im Übrigen nur äußerst selten vorkomme, nicht ignoriert werden, dass Internet-Domains und Kennzeichen sich voneinander erheblich unterscheiden würden.[233]

So werde bereits die Identifizierungsfunktion von Domain-Namen dadurch relativiert, dass eine Website häufig nicht über die Eingabe der betreffenden Domain, sondern stattdessen durch den Einsatz einer Suchmaschine[234] aufgefunden werde.[235] Darüber hinaus dienten Internet-Domains umso weniger der Kennzeichnung, je mehr sie sich von der realen Bezeichnung des Anbieters (bzw.

---

[230] *Viefhues* in *Hoeren/Sieber*, Teil 6.1 Rn. 57.
[231] *Viefhues* in *Hoeren/Sieber*, Teil 6.1 Rn. 62.
[232] *Welzel*, MMR 2001, S. 131, 133.
[233] *Welzel*, MMR 2001, S. 131, 133.
[234] Siehe S. 34.
[235] *Wilmer*, CR 1997, S. 562, 563 ff.

seines Produktes) unterschieden.[236] Weiterhin erstrecke sich die etwaige Kennzeichenfunktion eines Domain-Namens naturgemäß jedenfalls zunächst auf das Internet als seinen technischen Wirkungsbereich und sei demzufolge gegenüber der Kennzeichenfunktion sonstiger Kennzeichenrechte stark eingeschränkt. Denn diese würde ihre schützende Wirkung sehr wohl ebenso im Internet entfalten, was sich an der Rechtsprechung zeige, die in der Regel dem Inhaber eines außerhalb des Internets bestehenden Kennzeichenrechts eine entsprechende Domain zubillige.[237] Schließlich könne es jeden Domain-Namen aus bereits dargestellten technischen Gründen nur ein einziges Mal geben,[238] wohingegen die Koexistenz mehrerer Inhaber desselben Kennzeichens, etwa deshalb, weil ganz unterschiedliche Geschäftsfelder betroffen seien und mithin eine Verwechselungsgefahr nicht bestehe, sehr wohl möglich sei.[239]

(4) Stellungnahme

Zunächst einmal ist für eine Marke i.S.d. § 1 Nr. 1, § 3 Abs. 1 MarkenG erforderlich, dass sie den Namen für irgendein *Produkt* eines Unternehmens darstellt, gleich, ob es sich hierbei um eine Ware oder um eine Dienstleistung handelt. Im Bereich von Internet-Domains kommen als diesbezügliche Kennzeichnungsobjekte sowohl die auf einer Website angebotenen Waren als auch die dort offerierten Dienstleistungen in Betracht. Hinsichtlich der *Waren* sind zwei Untergruppen voneinander zu unterscheiden: Zum einen können auf einer Internetseite verschiedene Waren angeboten werden, ohne dass die betreffende Domain speziell auf eine von ihnen hinweist (z.B. „http://www.sony.de"). Zum anderen kann dort aber auch lediglich eine einzige Ware feilgeboten werden und die entsprechende Internet-Domain genau auf diese Bezug nehmen („http://www.tvspielfilm.de"). Bei der ersten Untergruppe spricht gegen die Qualifikation eines solchen Domain-Namens als Marke, dass er keine spezielle Ware bezeichnet und demgemäß bereits die Voraussetzung nicht erfüllt, Name für irgendein Produkt seines Inhabers zu sein. Vielmehr kommen in diesen Fällen stattdessen oft-

236 Vgl. *Schließ*, ZUM 1999, S. 307, 309.
237 *Welzel*, MMR 2001, S. 131, 134.
238 Siehe S. 17 f.
239 *Welzel*, MMR 2001, S. 131, 134.

mals geschäftliche Bezeichnungen nach § 1 Nr. 2, § 5 MarkenG in Betracht, die sich von Marken nach traditionellem Verständnis gerade dadurch unterscheiden, nicht Name für ein bestimmtes Produkt, sondern für irgendein Unternehmen als Ganzes zu sein. Diese Bedenken ergeben sich bei der zweiten Untergruppe nicht, da die hierunter zusammengefassten Domains auf bestimmte Waren hinweisen und mithin durchaus als deren Namen aufgefasst werden könnten.[240]

Was die als Kennzeichnungsobjekte ebenfalls in Betracht kommenden *Dienstleistungen* anbelangt, so lassen sich hierbei ebenfalls verschiedene Untergruppen voneinander abgrenzen: Zum einen könnte man bereits die auf einer Internetseite abgelegten Informationen, d.h. insbes. die dort gespeicherten Text- und Bildelemente und damit die Website selbst, als Dienstleistung des betreffenden Anbieters begreifen, deren Name in der jeweiligen Domain gesehen werden könnte.[241] Zum anderen gibt es eine Fülle von Internetseiten, auf denen diverse, darüber hinausgehende Dienstleistungen offeriert werden, so bspw. Übersetzungsdienste („http://www.systransoft.com“) oder das Herunterladen von Software („http://www.download.com“), die ebenfalls als Kennzeichnungsobjekte des jeweiligen Domain-Namens in Betracht kommen.[242] Diesbezüglich existieren, genau wie bei Waren, einerseits Fälle, in denen auf einer Internetseite diverse Dienstleistungen angeboten werden, ohne dass in der betreffenden Internet-Domain ein konkreter Hinweis auf eine von ihnen enthalten ist (z.B. „http://www.freeware.de“). Andererseits gibt es ebenso Bsp., bei welchen lediglich ein einziger Dienst unter einer entsprechend ausgestalteten Domain feilgeboten wird („http://www.webwasher.de“). Hinsichtlich dieser beiden Fallgruppen, bei denen über die schlichten, auf einer Interseite abgelegten Informationen hinausgehende Dienstleistungen offeriert werden, gelten die zu Waren getätigten Überlegungen entsprechend. Was jedoch die reinen, auf einer Website abgespei-

---

240 Vgl. *Wiebe*, CR 1998, S. 157, 163.

241 Vgl. *LG Düsseldorf*, Urteil vom 04.04.1997 – 34 O 191/96 –, NJW-RR 1998, S. 979, 982 = http://www.online-recht.de/vorent.html?LGDuesseldorf970404+ref=Kennzeichenrecht (01.10.2004) – „epson.de“.

242 Vgl. *LG München I*, Urteil vom 18.07.1997 – 21 O 17599/96 –, CR 1997, S. 540, 541 mit Anm. *Kloos* = http://www.online-recht.de/vorent.html?LGMuenchen970718+ref=Kennzeichenrecht (01.10.2004) – „freundin.de“; *LG Braunschweig*, Urteil vom 05.08.1997 – 9 O 188/97 –, http://www.online-recht.de/vorent.html?LGBraunschweig970805+ref=Kennzeichenrecht (01.10.2004) – „deta.com“.

cherten Daten, insbes. in Form von Text- und Bildelementen, anbetrifft, könnte man durchaus der Ansicht sein, dass es sich bei diesen um eine Dienstleistung und mithin um ein Produkt des Seitenbetreibers handelt und dass die dazugehörige Domain den Namen für dieses Produkt darstellt.

Bzgl. des Bereichs der *Markenfunktionen* lassen sich bei Internet-Domains folgende Überlegungen anstellen: Bei der grundlegenden Unterscheidungsfunktion und damit dem Zweck und der abstrakten Eignung einer Marke, Waren oder Dienstleistungen eines Unternehmens von denjenigen anderer Unternehmen abzugrenzen, gelangt man zu den gleichen Resultaten wie bei der bereits erörterten Frage, ob Domains Produktnamen darstellen. D.h. diese Fähigkeit kann man Internet-Domains bzgl. der auf ihnen abgelegten, schlichten Informationen und hinsichtlich der auf ihnen angebotenen, einzelnen Waren oder Dienstleistungen zusprechen, Letzteres jedoch nur, wenn der Domain-Name speziell auf diese hinweist.

Die Herkunftsfunktion und damit die Aufgabe einer Marke, auf die Herkunft eines Produktes aus einem bestimmten Betrieb hinzuweisen, vermögen diejenigen Domains, die nicht bereits an dem Fehlen der Unterscheidungsfunktion gescheitert sind, kaum zu erfüllen. Domain-Namen von Internetseiten wie die beispielhaft aufgeführten, die auf eine einzige Ware oder Dienstleistung Bezug nehmen, welche dort angeboten wird („http://www.tvspielfilm.de", „http://www.webwasher.de"), enthalten keinerlei Anhaltspunkte dafür, welcher Betrieb bzw. Anbieter hinter diesen Produkten steht. Auch die Überlegung, dass zumindest solche Internet-Domains, die eine geographische Top-Level-Domain beinhalten, wenigstens auf das Herkunftsland des betreffenden Produktes hinweisen, vermag zu keinem anderen Ergebnis zu führen. Denn neben dem Umstand, dass diese Zuordnung lediglich zu einem bestimmten Land der Herkunftsfunktion ohnehin kaum genügen wird, spricht hiergegen bereits, dass z.B. auch ein nichtdeutsches Unternehmen nicht daran gehindert ist, sich eine auf „.de" endende Domain bei der DENIC eG registrieren zu lassen und hierunter seine im eigenen Land gefertigten Produkte auf dem deutschen Markt feilzubieten.[243] Allein diese

---

[243] Vgl. § 3 Abs. 1 S. 2 der DENIC-RB (Stand: 14.10.2003), http://www.denic.de/de/bedingungen.html (01.10.2004) und III. Abs. 2 S. 3 der DENIC-RR (Stand: 14.10.2003), http://www.denic.de/de/richtlinien.html (01.10.2004).

Tatsache führt, nebenbei bemerkt, dazu, dass eine Einordnung von Domain-Namen als geographische Herkunftsangaben i.S.d. § 1 Nr. 3, § 126 Abs. 1 MarkenG von vornherein ausscheidet.[244] In Bezug auf die Möglichkeit, die schlichten Informationen einer Internetseite als Dienstleistung ihres Inhabers und die dazugehörige Domain als deren Namen zu begreifen, ist hinsichtlich der Herkunftsfunktion keine pauschale Antwort möglich. Während einige Domain-Namen Hinweise darauf enthalten, wer hinter den jeweiligen Daten steht, die unter ihnen abrufbar sind (bspw. „http://www.ruhr-uni-bochum.de"), geben andere keine derartigen Informationen preis („http://www.caselaw.de").

Die Voraussetzungen der Garantie- und der Qualitäts- resp. Vertrauensfunktion erfüllen Internet-Domains gänzlich nicht. Weder garantieren sie bestimmte Eigenschaften eines unter ihnen angebotenen Produktes noch übernehmen sie die Gewähr dafür, dass der Domain-Inhaber für die (gleich bleibende) Qualität desselben die Verantwortung übernimmt bzw. der Rechtsverkehr hierauf Vertrauen kann.

Anders sieht es hingegen mit den Kriterien der Werbe- und der Kommunikationsfunktion aus, die bei Domain-Namen vorliegen. Denn Domains kann man sehr wohl zugestehen, dass ihnen insbes. dann, wenn sie leicht einprägsam sind, eine eigene Suggestiv- und Attraktionskraft zukommt und sie darüber hinaus der Kommunikation zwischen dem Betreiber einer Website und dem Internetbenutzer dienen.

Hinsichtlich der in § 3 Abs. 1 MarkenG beispielhaft aufgeführten und für Internet-Domains in Betracht kommenden *Zeichen* in Form von Wörtern einschließlich Personennamen, Buchstaben oder Zahlen gilt Folgendes: Domains sind wie jeder andere Schriftzug optisch und mithin mit menschlichen Sinnesorganen wahrnehmbar, lassen sich von dem jeweiligen Produkt in Gestalt einer unter ihnen angebotenen Ware oder Dienstleistung oder schlicht in Form der dort abgespeicherten Informationen abstrahieren und stellen demgemäß ein Zeichen i.S.d. § 3 Abs. 1 MarkenG dar. Dass es sich bei den im Rahmen einer Domain gebrauchten Begriffen um *Wörter* handelt, bedarf keiner näheren Erläuterung. Ferner stehen, wie erörtert, weder die Verwendung von beschreibenden Anga-

[244] Vgl. *Fezer*, WRP 2000, S. 669, 670; *ders.*, § 3 MarkenG Rn. 303.

ben, Wörtern des allgemeinen Sprachgebrauchs oder Gattungsbezeichnungen (z.B. „http://www.billig.de", „http://www.autovermietung.de" oder „http://www. autos.de") noch der Gebrauch nichtdeutscher Wörter innerhalb einer Internet-Domain („http://www.netlaw.de") der Einordnung als Marke i.S.d. MarkenG entgegen. Ebenfalls unproblematisch ist wegen der Zulässigkeit sog. „Mehrwortmarken" der Gebrauch mehrerer Begriffe in einem Domain-Namen wie bspw. bei „http://www.jura-im-web.de". Zu beachten ist hierbei, dass sich die Frage, ob auch längere Texte unter den Begriff der Wortmarke i.S.d. § 3 Abs. 1 MarkenG fallen, bei Internet-Domains nicht stellt, da diese von vornherein nur eine begrenzte Länge aufweisen dürfen. So ist z.B. eine bei der DENIC eG registrierte Domain gem. II. S. 4 der DENIC-RR auf maximal 63 Zeichen begrenzt.[245] Unter den in § 3 Abs. 1 MarkenG ausdrücklich als Unterfall von Wörtern aufgeführten Begriff der *Personennamen* lässt sich bei entsprechend ausgestalteten Internet-Domains, wie etwa „http://www.gerhard-schroeder.de", zumindest die als Second-Level-Domain verwandte Bezeichnung subsumieren. Was die Untergruppe der *Buchstaben* anbelangt, so fallen hierunter sowohl die Abkürzungen des technischen Übertragungsprotokolls und des jeweiligen Netzdienstes (regelmäßig „http" und „www") als auch die Top-Level-Domains (z.B. „de").[246] Der Begriff der *Zahlen* wiederum erfasst solche Domain-Elemente, die aus Ziffern bestehen („http://www.1und1.de"). Was schließlich die übrigen Bestandteile einer Domain („://" beim Übertragungsprotokoll, „." als Trennzeichen zwischen Top-Level-Domain, Second-Level-Domain etc. und „-" als Bindeglied bei Second-Level-Domains, die aus mehreren Wörtern bestehen) anbetrifft, so lassen sich diese jedenfalls unter den Begriff der Zeichen i.S.d. § 3 Abs. 1 MarkenG subsumieren.

Insgesamt lässt sich festhalten, dass es zwar relativ unproblematisch ist, die einzelnen Elemente einer Internet-Domain bzw. als deren Summe die Domain insgesamt als Zeichen i.S.d. § 3 Abs. 1 MarkenG aufzufassen. Jedoch erscheint es wegen der weiteren Anforderungen an eine Marke i.S.d. MarkenG kaum möglich, für die Vielfalt unterschiedlich ausgestalteter Domain-Namen eine pauschale Antwort auf die Frage zu geben, ob sie als Marken anzuerkennen

---

245 http://www.denic.de/de/richtlinien.html (01.10.2004).
246 Siehe S. 18.

sind. Dies gilt insbes. für die Voraussetzung, Name für irgendein Produkt zu sein bzw. dieses von denjenigen anderer abgrenzen zu können. Denn diesbezüglich kommen als Marken allenfalls solche Internet-Domains in Betracht, unter denen eine bestimmte Ware oder Dienstleistung angeboten wird, auf die speziell innerhalb der Domain hingewiesen wird, oder aber solche, bei denen man als Dienstleistung allein auf die schlichten Informationen abstellt, welche auf der jeweiligen Internetseite vorhanden sind.

Ähnlich sieht es auch ein Teil des Schrifttums, der zwar nicht pauschal sämtliche Domains als Marken i.S.d. § 1 Nr. 1, § 3 Abs. 1 MarkenG anerkennt, jedoch im Einzelfall einem Domain-Namen, wenn und soweit er hinreichend viele Markenfunktionen erfüllt, eine solche Rechtsnatur zugesteht. Gleichwohl vermag dieser Ansatz samt seiner Argumentation im Ergebnis nicht zu überzeugen. Zwar sind die Überlegungen, die hinsichtlich der Kommunikations- und Identifizierungsfunktion angestellt werden,[247] durchaus nachvollziehbar. So dienen Internet-Domains sicherlich der Kommunikation zwischen Domain-Inhaber und Internetnutzer. Ferner ist es bzgl. der Frage, welche Leistung genau durch einen Domain-Namen von anderen Leistungen unterschieden und mithin identifiziert werden soll, richtig, zwischen diversen Bezugspunkten zu differenzieren. Jedoch können diese Gesichtspunkte lediglich zur Begründung dessen herangezogen werden, dass abhängig vom jeweiligen Bezugspunkt und von der genauen Ausgestaltung der Domain im Einzelfall an der *als Second-Level-Domain verwandten Bezeichnung* ein Markenrecht entstehen kann.[248] Dass darüber hinaus gleichermaßen die weiteren Zusätze, d.h. die Top-Level-Domain, die Abkürzung des technischen Übertragungsprotokolls (in der Regel „http“) und diejenige des Netzdienstes (üblicherweise „www“),[249] in den Markenschutz einzubeziehen sind und somit die *Gesamt-Domain* als Marke anzusehen ist, vermögen sie indes nicht zu stützen.

---

[247] Siehe S. 61 f.

[248] Vgl. diesbezüglich *BVerfG*, Beschluss vom 24.11.2004 – 1 BvR 1306/02 –, NJW 2005, S. 589, 590, wonach dem Inhaber einer Internet-Domain an der die Second-Level-Domain bildenden Zeichenfolge eine marken- oder kennzeichenrechtlich begründete Rechtsstellung zukommen kann.

[249] Siehe S. 19.

Für die Ansicht, statt der Gesamt-Domain vielmehr der als Second-Level-Domain verwandten Bezeichnung per Eintragung gem. § 4 Nr. 1 MarkenG oder über den Weg der Verkehrsgeltung nach § 4 Nr. 2 MarkenG Markenstatus zuzuerkennen, spricht ferner die Verkehrsauffassung. Würde man bspw. die auf die Website „http://www.tvspielfilm.de“ zugreifenden Internetbenutzer fragen, ob der Name der auf dieser Internetseite offerierten Zeitschrift „TV Spielfilm“ oder „http://www.tvspielfilm.de“ ist, dann würde sich aller Wahrscheinlichkeit nach eine große Mehrheit der Befragten für Ersteres entscheiden. Dies wäre wohl ebenso in anderen Fällen dieser Art nicht anders, in denen auf einer Website ein bestimmtes, über die dort abgelegten Informationen hinausgehendes Produkt feilgeboten wird, auf welches der jeweilige Domain-Name innerhalb seiner Second-Level-Domain ausdrücklich hinweist.

Auch die Auffassung, die als Produkt auf das bloße Informationsangebot einer Internetseite und damit auf diese selbst abstellt und nach der die Gesamt-Domain hierfür den Namen und mithin die Marke bilde, trägt im Ergebnis nicht. Denn besonders bei großen und weithin bekannten Unternehmen, die ihre Dienste im Internet anbieten, ist es durchaus üblich, dass ihre Homepage über mehrere Internet-Domains, insbes. über verschiedene Top-Level-Domains, zu erreichen ist. So gelangt ein Internetbenutzer bspw. sowohl über „http://www.altavista.de“ als auch über „http://www.altavista.com“ zur Website des betreffenden Anbieters. Denn im Gegensatz dazu, dass eine Domain aus technischen Gründen nur ein einziges Mal vergeben werden kann, ist es sehr wohl möglich, dass mehrere Domain-Namen auf ein und dieselbe Homepage verweisen. Würde man nun der Ansicht folgen, eine Internet-Domain sei die Marke für die unter ihr abgespeicherte Website, stünde man in einem derartigen Fall vor dem Problem, welche der verschiedenen Domains den Namen und mithin die Marke für die betreffende Homepage bilden soll, da bei einem Abstellen auf alle von ihnen eine eindeutige Zuordnung von Produkt und Produktname nicht mehr möglich wäre.

Schließlich spricht gegen die Einordnung von Internet-Domains als Marken, dass sie eines eigenständigen Markenschutzes gar nicht bedürfen. Denn Domains sind im Wege des abgeleiteten Kennzeichenschutzes durch die als Second-Level-Domain verwandte Bezeichnung, gleich, ob es sich bei ihr um eine

Marke oder um ein sonstiges Kennzeichen handelt, in ausreichendem Maße vor Beeinträchtigungen gesichert. Somit lässt sich festhalten, dass Internet-Domains keine Marken i.S.d. § 1 Nr. 1, § 3 Abs. 1 MarkenG darstellen.

ccc) Internet-Domains als geschäftliche Bezeichnungen i.S.d. § 1 Nr. 2, § 5 MarkenG

Bei Domains könnte es sich aber um geschäftliche Bezeichnungen gem. § 1 Nr. 2, § 5 MarkenG handeln.

(1) Definition

Nach traditionellem Verständnis unterscheiden sich geschäftliche Bezeichnungen von Marken gem. § 1 Nr. 1, § 3 Abs. 1 MarkenG dadurch, dass sie nicht den Namen für irgendein *Produkt* eines Unternehmens darstellen, sondern vielmehr, jedenfalls was die Gruppe der Unternehmenskennzeichen i.S.d. § 5 Abs. 2 MarkenG anbetrifft, denjenigen für das *Unternehmen selbst* bilden.[250] Was die Gesetzessystematik anbelangt, so zerfallen geschäftliche Bezeichnungen gem. § 5 Abs. 1 MarkenG in zwei Gruppen, nämlich in *Unternehmenskennzeichen* nach § 5 Abs. 2 MarkenG und in *Werktitel* gem. § 5 Abs. 3 MarkenG.

Diese gesetzessystematische Trennung zwischen Unternehmenskennzeichen einerseits und Werktiteln andererseits wurde nicht immer so vorgenommen. Stattdessen war nach § 16 Abs. 1 S. 1 UWG a.F. die „Bezeichnung einer Druckschrift" als die einzige geschützte Werkform[251] in unmittelbarem Zusammenhang zu den Unternehmenskennzeichen geregelt. Diese ausdrückliche Herauslösung der Werktitel aus dem Schutz für Unternehmenskennzeichen stellt nicht bloß eine rein formale Umstrukturierung dar, sondern erklärt sich vielmehr inhaltlich aus den unterschiedlichen Schutzobjekten beider Kennzeichenformen. Denn im Gegensatz zu Unternehmenskennzeichen, die den Namen für ein *Unternehmen selbst* bilden, kennzeichnen Werktitel ein bestimmtes Unternehmens*produkt* und stehen damit Marken i.S.d. § 1 Nr. 1, § 3 Abs. 1 MarkenG, insbes. solchen, die gem. § 4 Nr. 2 MarkenG durch bloße Benutzung auf Grund

[250] Siehe S. 55.
[251] *Fezer*, § 5 MarkenG Rn. 6.

von Verkehrsgeltung erworben werden, systematisch näher als Unternehmenskennzeichen.[252]

(a) Unternehmenskennzeichen

Unternehmenskennzeichen wiederum werden in zwei weitere Untergruppen aufgeteilt, und zwar in *namensmäßige Kennzeichen* nach § 5 Abs. 2 S. 1 MarkenG und *Geschäftsabzeichen und sonstige betriebliche Unterscheidungszeichen (nicht namensmäßiger Art)* gem. § 5 Abs. 2 S. 2 MarkenG.[253] „Namensmäßig" in diesem Sinne bedeutet, dass den Zeichen Namensfunktion zukommt[254] bzw. dass sie Namenscharakter aufweisen.[255] Die eindeutige Zuordnung eines Zeichens in die eine oder andere dieser beiden Untergruppen von Unternehmenskennzeichen ist zwar an sich notwendig, da für die Gruppe des § 5 Abs. 2 S. 1 MarkenG bloße Ingebrauchnahme, für diejenige des § 5 Abs. 2 S. 2 MarkenG hingegen darüber hinaus der Erwerb von Verkehrsgeltung erforderlich ist. Jedoch kann eine solche Abgrenzung im Einzelfall fließend sein und ist ggf. anhand einer wertenden Prüfung dahingehend vorzunehmen, ob schon ein einmaliger Gebrauch oder erst die Verkehrsgeltung den Schutz des betreffenden Zeichens rechtfertigt.[256]

Namensmäßige Kennzeichen sind nach § 5 Abs. 2 S. 1 MarkenG legal definiert als „Zeichen, die im geschäftlichen Verkehr als Name, als Firma oder als besondere Bezeichnung eines Geschäftsbetriebs oder eines Unternehmens benutzt werden." Hinsichtlich des Begriffes des „Zeichens" kann auf oben getätigte Ausführungen zu Marken i.S.d. § 1 Nr. 1, § 3 Abs. 1 MarkenG verwiesen werden,[257] da auf Grund der einheitlichen Terminologie innerhalb des MarkenG diesbezüglich keinerlei Unterschiede bestehen. Ebenfalls keine Besonderheiten ergeben sich beim Namensbegriff, der demjenigen des § 12 S. 1 BGB entspricht,[258] so dass auch insoweit auf obige Darstellungen verwiesen werden

---

252 *Ingerl/Rohnke*, § 5 Rn. 41.
253 *Ingerl/Rohnke*, Einl. Rn. 9; *Fezer*, § 5 MarkenG Rn. 3.
254 *Fezer*, § 5 MarkenG Rn. 3 f. und § 15 MarkenG Rn. 139.
255 *Ingerl/Rohnke*, § 5 Rn. 12.
256 *Fezer*, § 15 MarkenG Rn. 139.
257 Siehe S. 57.
258 *Ingerl/Rohnke*, § 5 Rn. 15.

kann.[259] Der Begriff der „Firma“ wiederum ist in § 17 Abs. 1 HGB legal definiert als „Name, unter dem ein Kaufmann seine Geschäfte betreibt und die Unterschrift abgibt“. Bzgl. darüber hinausgehender Details zum Firmenbegriff muss auf Grund des enormen Umfanges dieser Thematik auf spezielle Ausführungen zum Handelsrecht verwiesen werden.[260] Die „besondere Bezeichnung eines Geschäftsbetriebs oder eines Unternehmens“ ist gesetzlich nicht definiert und umfasst subsidiär all jene namensmäßigen Kennzeichen eines Unternehmens, die nicht gleichzeitig Name oder Firma sind.[261] Sie kann unabhängig von der Firma geführt werden und entweder das Unternehmen als Ganzes oder lediglich einen abgegrenzten Unternehmensteil, z.B. einen bestimmten Geschäftsbetrieb, charakterisieren,[262] wobei es nicht auf die Rechtsfähigkeit, sondern vielmehr auf die organisatorische Selbständigkeit dieses Unternehmensteils ankommt.[263] Was schließlich die „Benutzung im geschäftlichen Verkehr“ anbelangt, so reicht hierfür im Gegensatz bspw. zur Eintragung der betreffenden Bezeichnung im Handelsregister die irgendwie geartete Aufnahme einer geschäftlichen Betätigung aus,[264] wie etwa der Abschluss eines Mietvertrages über ein Geschäftslokal durch eine Vorgesellschaft.[265] Erforderlich ist einzig ein äußerlich erkennbares Verhalten, welches der Förderung der eigenen oder einer fremden erwerbswirtschaftlichen oder sonstigen beruflichen Tätigkeit dient.[266]

§ 5 Abs. 2 S. 2 MarkenG setzt solche Geschäftsabzeichen und sonstige betriebliche Unterscheidungszeichen (nicht namensmäßiger Art) der besonderen Bezeichnung eines Geschäftsbetriebs i.S.d. § 5 Abs. 2 S. 1 MarkenG und damit ei-

---

259 Siehe S. 39 ff.

260 Vgl. z.B. *Bokelmann* in Münchener Kommentar zum HGB, § 17 Rn. 1 ff.; *Schmidt*, S. 338 ff.; *Baumbach/Hopt*, § 17 Rn. 1 ff.; *Ammon* in *Röhricht/ Graf von Westphalen*, § 17 Rn. 2 ff.; *Zimmer* in *Ebenroth/Boujong/Joost*, § 17 Rn. 1 ff.

261 *Ingerl/Rohnke*, § 5 Rn. 12.

262 *KG*, Urteil vom 11.01.1980 – 5 U 4796/78 –, WRP 1980, S. 409, 412; *dass.*, Urteil vom 10.11.1987 – 5 U 5388/86 –, NJW 1988, S. 2892, 2893.

263 *Ingerl/Rohnke*, § 5 Rn. 19.

264 *BGH*, Urteil vom 05.06.1997 – I ZR 38/95 –, WRP 1997, S. 952, 954 – „L'Orange“.

265 *BGH*, Urteil vom 29.10.1992 – I ZR 264/90 –, BGHZ 120, S. 103, 106 ff. = WRP 1993, S. 175 ff. – „Columbus“.

266 *BGH*, Urteil vom 22.11.2001 – I ZR 138/99 –, MMR 2002, S. 382, 383 mit Anm. *Hoeren* = JurPC Web-Dok. 139/2002, Abs. 20, http://www.jurpc.de/rechtspr/20020139.htm = http://www.bonnanwalt.de/entscheidungen/BGHIZR138-99.html = http://www.netlaw.de/urteile/bgh_13.htm (01.10.2004) – „shell.de“; *Baumbach/Hefermehl*, Einl. UWG Rn. 208.

nem Unternehmenskennzeichen gleich, „die innerhalb beteiligter Verkehrskreise als Kennzeichen des Geschäftsbetriebs gelten". Mithin kann ein Kennzeichen, welchem (ursprünglich) die Namensfunktion fehlt, nachträglich dennoch Schutz als Unternehmenskennzeichen und somit als geschäftliche Bezeichnung gem. § 1 Nr. 2, § 5 MarkenG erlangen, nämlich dann, wenn der Verkehr in ihm in der Folgezeit trotzdem einen Hinweis auf den dahinter stehenden Verwender sieht, ihm also Verkehrsgeltung zukommt.[267]

(b) Werktitel

Neben Unternehmenskennzeichen nach § 5 Abs. 2 MarkenG sind ebenso Werktitel geschäftliche Bezeichnungen. Diese werden nach § 5 Abs. 3 MarkenG gesetzlich definiert als „Namen oder besondere Bezeichnungen von Druckschriften, Filmwerken, Tonwerken, Bühnenwerken oder sonstigen vergleichbaren Werken." Damit geht der Wortlaut dieser Vorschrift deutlich über denjenigen von § 16 Abs. 1 S. 1 UWG a.F. hinaus, der lediglich „Druckschriften" einen Werktitelschutz zukommen ließ. Jedoch erkannte bereits die damalige Rechtsprechung, dass eine solche Begrenzung nicht gerechtfertigt war, und entwickelte mittels Analogien zu § 16 Abs. 1 S. 1 UWG a.F. einen darüber hinausgehenden, allgemeinen Werktitelschutz, der z.B. auch Filmwerke,[268] Fernsehsendungen,[269] Hörfunksendungen[270] und Spiele[271] erfasste. Die Formulierung des § 5 Abs. 3 MarkenG knüpft nunmehr an diese von der Judikatur entwickelten Fallgruppen an und ermöglicht den mit dieser Vorschrift befassten Gerichten darüber hinaus, über die Generalklausel der „sonstigen vergleichbaren Werke" weitere Fälle unter diese Norm zu subsumieren.[272] Insgesamt muss der kennzeichenrechtliche Werkbegriff nach § 5 Abs. 3 MarkenG vom urheberrechtlichen Werkbegriff gem. §§ 2 ff. UrhG unterschieden werden, da ihm eine eigenstän-

267 *Ingerl/Rohnke*, § 5 Rn. 20.
268 *BGH*, Urteil vom 15.11.1957 – I ZR 83/56 –, BGHZ 26, S. 52 ff. – „Sherlock Holmes".
269 *BGH*, Urteil vom 25.02.1977 – I ZR 165/75 –, BGHZ 68, S. 132 ff. – „Der 7. Sinn".
270 *BGH*, Urteil vom 27.01.1982 – I ZR 61/80 –, GRUR 1982, S. 431 ff. – „Point".
271 Diese Möglichkeit bejahend, im konkreten Fall aber verneinend *BGH*, Urteil vom 21.01.1993 – I ZR 25/91 –, GRUR 1993, S. 767 ff. – „Zappel-Fisch".
272 *Ingerl/Rohnke*, § 5 Rn. 42.

dige Bedeutung zukommt.[273] Die Bejahung einer urheberrechtlichen Werkqualität hat für die Frage, ob darüber hinaus ein Werktitel i.S.d. § 5 Abs. 3 MarkenG vorliegt, lediglich indizielle Bedeutung.[274]

Bzgl. der einzelnen explizit in § 5 Abs. 3 MarkenG aufgezählten Werkgruppen gilt Folgendes: Unter den Begriff der „Druckschriften" fallen zunächst sämtliche Printmedien, und zwar unabhängig davon, ob sie gleichzeitig eine Druckschrift i.S.d. presserechtlichen Druckwerkbegriffs nach §§ 6 f. der einzelnen Landespressegesetze darstellen,[275] so etwa Bücher[276] (selbst als Buchreihe oder Serie),[277] Zeitungen[278] oder Zeitschriften.[279] Der Begriff der „Filmwerke" umfasst nicht bloß Spielfilme, die im Kino oder im Fernsehen dargeboten werden, sondern auch Fernsehsendungen und -reihen.[280] „Tonwerke" wiederum sind unabhängig von der Art ihrer körperlichen Festlegung geschützt,[281] so dass hierunter bspw. auch Hörfunksendungen zu verstehen sind.[282] Unter den Terminus

---

273 Begründung zum Markenrechtsreformgesetz, BT-Drucks. 12/6581 vom 14.01.1994, S. 67.

274 *Ingerl/Rohnke*, § 5 Rn. 44 und 47.

275 *Ingerl/Rohnke*, § 5 Rn. 43.

276 *BGH*, Urteil vom 27.09.1990 – I ZR 87/89 –, GRUR 1991, S. 153 ff. – „Pizza & Pasta".

277 *BGH*, Urteil vom 02.02.1960 – I ZR 137/58 –, GRUR 1960, S. 346 ff. mit Anm. *von Erffa* – „Naher Osten"; *ders.*, Urteil vom 07.12.1979 – I ZR 157/77 –, GRUR 1980, S. 227 ff. mit Anm. *Nordemann* – „Monumenta Germaniae Historica"; *ders.*, Urteil vom 15.06.1988 – I ZR 211/86 –, GRUR 1990, S. 218 ff. – „Verschenktexte".

278 *BGH*, Urteil vom 04.05.1956 – I ZR 55/54 –, GRUR 1956, S. 376 ff. – „Berliner Illustrierte Zeitung"; *ders.*, Urteil vom 08.02.1963 – I b ZR 76/61 –, GRUR 1963, S. 378 ff. mit Anm. *Friedrich* – „Deutsche Zeitung"; *ders.*, Beschluss vom 10.05.1974 – I ZB 2/73 –, GRUR 1974, S. 661 ff. mit Anm. *von Falck* – „St. Pauli-Nachrichten"; *ders.*, Urteil vom 12.11.1987 – I ZR 19/86 –, GRUR 1988, S. 638 ff. mit Anm. *Ahrens* – „Hauer's Auto-Zeitung".

279 *BGH*, Urteil vom 15.06.1956 – I ZR 105/54 –, GRUR 1957, S. 29 ff. – „Spiegel"; *ders.*, Urteil vom 08.01.1957 – I ZR 58/55 –, GRUR 1957, S. 275 ff. – „Star-Revue"; *ders.*, Urteil vom 11.07.1958 – I ZR 187/56 –, GRUR 1959, S. 45 ff. mit Anm. *Droste* – „Deutsche Illustrierte"; *ders.*, Urteil vom 09.12.1960 – I ZR 98/60 –, GRUR 1961, S. 232 ff. mit Anm. *von Falck* – „Hobby".

280 *BGH*, Urteil vom 25.02.1977 – I ZR 165/75 –, BGHZ 68, S. 132 ff. – „Der 7. Sinn"; *ders.*, Beschluss vom 22.10.1987 – I ZB 8/86 –, GRUR 1988, S. 377 ff. mit Anm. *Bauer* – „Apropos Film"; *ders.*, Urteil vom 19.11.1992 – I ZR 254/90 –, GRUR 1993, S. 692 ff. – „Guldenburg".

281 *Ingerl/Rohnke*, § 5 Rn. 45.

282 *BGH*, Urteil vom 27.01.1982 – I ZR 61/80 –, GRUR 1982, S. 431 ff. – „Point"; *OLG Frankfurt/Main*, Urteil vom 22.08.1991 – 6 U 39/91 –, AfP 1991, S. 752 ff. – „Hessen-Report".

der „Bühnenwerke“ fallen insbes. Theaterstücke,[283] Operetten[284] und Musicals.[285]

Was schließlich die „sonstigen vergleichbaren Werke“ anbelangt, so hat die Rechtsprechung bereits § 16 Abs. 1 S. 1 UWG a.F. per Analogien auch auf Werkgattungen angewandt, die sich nicht mehr unter den dortigen Begriff der „Druckschriften“ subsumieren ließen. Dies geschah bei solchen Werken, die „ihrem Wesen nach ein Kommunikationsmittel (darstellen), dessen gedanklicher Inhalt für andere erst durch geistige Umsetzung beim angesprochenen Leser oder Betrachter existent wird und deshalb als etwas Immaterielles, in der gegenständlichen Welt nicht Fassbares“ einen Kennzeichenschutz erfordert.[286] Ähnlich strenge Maßstäbe müssen bei dem Begriff der „sonstigen vergleichbaren Werke“ i.S.d. § 5 Abs. 3 MarkenG gelten. Dies folgt daraus, dass sämtlichen als Werktitel geschützten Werken ausnahmsweise ein produktbezogener Kennzeichenschutz zugute kommt, ohne dass hierfür eine Eintragung oder zumindest das Bestehen von Verkehrsgeltung erforderlich ist, wie es bei Marken gem. § 1 Nr. 1, § 3 Abs. 1 MarkenG der Fall wäre. D.h., dass der ansonsten geltende Grundsatz des Kennzeichenrechts, dass Produkte nur Markenschutz, nicht aber von einer bloßen Benutzung abhängigen Namensschutz genießen, hier zugunsten einer bestimmten, besonders bevorzugten Gruppe von Produkten durchbrochen wird. Diese Privilegierung hat ihre Ursache darin, dass bestimmte geistige Werke im Gegensatz zu sonstigen Waren immer schon im besonderen Maße durch ihre Titel individualisiert wurden, insbes., da für die jeweilige Kaufentscheidung weder die bloße Gattungszugehörigkeit ausreicht noch zum betreffenden Zeitpunkt der genaue Inhalt für den Käufer einsehbar ist. So will bspw. der Käufer eines Buches in aller Regel nicht irgendein Buch, sondern nur ein bestimmtes Buch eines bestimmten Autors. Darüber hinaus kennt er dessen genauen Inhalt erst dann, wenn er es gelesen hat und nicht bereits im Moment der Kaufentscheidung. Deshalb orientiert er sich beim Kauf viel stärker, als dies

---

283 *RG*, Urteil vom 13.02.1932 – I 263/31 –, RGZ 135, S. 209 ff. – „Der Brand im Opernhaus“.

284 *RG*, Urteil vom 29.05.1937 – I 5/37 –, GRUR 1937, S. 953 ff. – „Leichte Kavallerie“.

285 *LG München I*, Urteil vom 10.11.1964 – 7 Q 67/64 –, UFITA 1964, S. 370 ff. – „Annie Get Your Gun“.

286 *BGH*, Urteil vom 27.01.1982 – I ZR 61/80 –, GRUR 1982, S. 431 ff. – „Point“.

etwa bei dem Erwerb eines Liters Milch der Fall wäre, an dem Titel des betreffenden Produktes. Hierin unterscheiden sich derartige geistige Werke von sonstigen Produkten, bei denen der Käufer grundsätzlich nicht in einem so hohen Maße Wert auf die genaue Identifizierung des Produzenten legt und bei welchen er auf Grund generischer Merkmale von vorneherein relativ genau weiß, was ihn erwartet. Eine derartige Privilegierung von Produkten im Rahmen des Kennzeichenrechts ist jedoch nur dann gerechtfertigt, wenn bei ihnen tatsächlich der geistige Inhalt dominiert. Demgemäß ist entscheidendes Kriterium „sonstiger vergleichbarer Werke“ i.S.d. § 5 Abs. 3 MarkenG, dass eine betreffende Kaufentscheidung weniger von körperlichen Produktmerkmalen denn von geistigen Inhalten her bestimmt wird,[287] was bspw. bei Computersoftware der Fall ist.[288]

Letztendlich bleibt noch festzuhalten, dass der Kennzeichenschutz an einer geschäftlichen Bezeichnung nach § 1 Nr. 2, § 5 MarkenG insgesamt, d.h. unabhängig davon, ob es sich um die Untergruppe der Unternehmenskennzeichen oder der Werktitel handelt, durch eine rein tatsächliche Handlung entsteht. Hierin unterscheidet sich die geschäftliche Bezeichnung vom Registerrecht einer eingetragenen Marke nach § 4 Nr. 1 MarkenG, welches einen formalen Akt voraussetzt. Der Kennzeichenschutz an einer geschäftlichen Bezeichnung setzt, wenn das betreffende Zeichen originäre Kennzeichnungskraft besitzt, bereits mit der bloßen Benutzungsaufnahme ein. Mangelt es jedoch an einer solchen originären Kennzeichnungskraft, dann kommt dem Zeichen erst in dem Moment ein Schutz als geschäftliche Bezeichnung zu, in welchem es nachträglich per Verkehrsgeltung Kennzeichnungskraft erlangt.[289]

(2) Rechtsprechung

Die Judikatur hat sich bisher lediglich marginal im Rahmen solcher Entscheidungen, welche die Verletzung von Rechten an geschäftlichen Bezeichnungen durch Internet-Domains behandelten, mit der Frage befasst, ob Domains selbst

[287] *Ingerl/Rohnke*, § 5 Rn. 47.

[288] *BGH*, Urteil vom 24.04.1997 – I ZR 233/94 –, CR 1998, S. 6 ff. – „FTOS“; *ders.*, Urteil vom 24.04.1997 – I ZR 44/95 –, CR 1998, S. 5 f. – „PowerPoint“; *Lehmann*, CR 1986, S. 373, 374; *Deutsch*, GRUR 1994, S. 673, 675; *Teplitzky*, AfP 1997, S. 450, 451; a.A. *Betten*, GRUR 1995, S. 5, 7; *Zahrnt*, BB 1996, S. 1570 ff.

[289] *Ingerl/Rohnke*, § 5 Rn. 21 ff. und 48 ff.

solche geschäftlichen Bezeichnungen darstellen. Zu nennen ist hierbei zum einen ein Urteil des LG Braunschweig, in welchem dieses ausdrücklich darauf erkannte, dass eine „Domain mit Unterscheidungskraft (...) ein sonstiges zur Unterscheidung des Geschäftsbetriebes bestimmtes Zeichen gem. § 5 Abs. 2 S. 2 MarkenG" sei.[290] Um dies zu belegen, greift das Gericht auf jene Argumente zurück, welche die Kennzeichenfunktion und damit die Fähigkeit von Domain-Namen begründen, Kennzeichenrechte Dritter verletzen zu können.[291] So wird bspw. auf die übliche Praxis von Unternehmen verwiesen, sich Domains registrieren zu lassen, welche die jeweilige Firma, ein Firmenschlagwort oder eine bestimmte Marke beinhalten würden, was dazu führe, dass Internet-Domains ein starkes Identifizierungspotential zukomme. Gerade hierin würden sich derart ausgestaltete und mithin leicht einprägsame Domain-Namen von nicht kennzeichnenden Ziffernfolgen, wie etwa Telefonnummern oder Postleitzahlen, unterscheiden. Darüber hinaus seien Domains mittlerweile Teil ganzer Marketingstrategien und würden in Werbeanzeigen, in Fernsehspots und auf Geschäftspapieren angegeben.

Zum anderen hielt es das OLG Hamburg in einem Fall, in dem jemand eine Online-Version einer Fernsehprogrammzeitschrift im Internet anbieten wollte, zumindest für möglich, dass diese ein „titelschutzfähiges Werk i.S.d. § 5 Abs. 3 MarkenG" darstelle.[292] Dies hätte die Frage nach sich gezogen, ob nicht die betreffende Internet-Domain dessen Namen oder dessen besondere Bezeichnung und mithin einen Werktitel nach § 5 Abs. 3 MarkenG darstellt. Da diese Frage jedoch für die Entscheidung des zu Grunde liegenden Falles unerheblich war, ließ das Gericht sie letztendlich offen.

Schließlich ging das OLG Dresden noch einen Schritt weiter und erkannte darauf, dass unabhängig von einem darüber hinausgehenden weiteren Werk allein das sich auf einer Internetseite befindende Informationsangebot und damit die Website als solche „grundsätzlich als immaterielles geistiges Arbeitsergebnis als

290 Urteil vom 15.08.1997 – 9 O 188/97 –, CR 1998, S. 364 ff. = http://www.netlaw.de/urteile/lgbs_02.htm (01.10.2004) – „deta.com".

291 Siehe S. 19 ff.

292 Urteil vom 28.09.1995 – 3 U 170/95 –, http://www.netlaw.de/urteile/olghh_10.htm (01.10.2004) – „TV Live".

Werk unter einer bestimmten Titelbezeichnung schutzfähig sei."[293] Hierbei komme als eine solche Titelbezeichnung und demgemäß als Werktitel gem. § 5 Abs. 3 MarkenG die jeweilige Domain in Betracht. Eine ausführliche Begründung für diese Rechtsauffassung blieb das Gericht jedoch schuldig.

(3) Literatur

Das Schrifttum ist sich in der Frage, ob Internet-Domains als geschäftliche Bezeichnungen i.S.d. § 1 Nr. 2, § 5 MarkenG zu qualifizieren sind, nicht einig.

(a) Befürwortend

Ein Teil des Schrifttums ordnet Domain-Namen als geschäftliche Bezeichnungen, ob nun als Unternehmenskennzeichen nach § 5 Abs. 2 MarkenG oder Werktitel gem. § 5 Abs. 3 MarkenG, ein.[294] Als Begründung für Ersteres wird angeführt, dass eine Domain zwar nicht unmittelbar dazu diene, eine bestimmte Person zu identifizieren. Jedoch könne man ihr gleichwohl im Rahmen des Internets eine Individualisierungs- und Identifizierungsfunktion nicht gänzlich absprechen, da Domain-Namen von Internetbenutzern regelmäßig einem bestimmten Unternehmen zugeordnet würden.[295] Diese Kennzeichnungsfunktion werde darüber hinaus durch die inzwischen allgemein übliche Nennung von Internet-Domains auf Visitenkarten, in der Werbung, in der Geschäftspost oder in Fußnoten wissenschaftlicher Arbeiten verstärkt.[296] Insbes. dann, wenn ein Unternehmen unmittelbar via Internet Geschäfte abwickele,[297] hauptsächlich dieses

---

293 Urteil vom 29.09.1998 – 14 U 433/98 –, CR 1999, S. 102 ff. = MMR 1999, S. 51 = JurPC Web-Dok. 14/1999, Abs. 10, http://www.jurpc.de/rechtspr/19990014.htm (01.10.2004) – „dresden-online.de".

294 *Nordemann/Goddar/Tönhardt/Czychowski*, CR 1996, S. 645, 652; *Bettinger*, GRUR Int. 1997, S. 402, 417 f.; *Jakobs/Schulte-Beckhausen* in *Gloy*, § 27 Rn. 48; *Nordemann*, NJW 1997, S. 1891, 1892; *Völker/Weidert*, WRP 1997, S. 652, 663; *Ingerl/Rohnke*, § 5 Rn. 19; *Wiebe*, CR 1998, S. 157, 163 f.; *Plaß*, WRP 2000, S. 1077, 1080 f.; *Kort*, DB 2001, S. 249, 252, 257; *Kleespies*, GRUR 2002, S. 764, 774 f.; differenzierend *Viefhues* in *Hoeren/Sieber*, Teil 6.1 Rn. 60 f.

295 *Jakobs/Schulte-Beckhausen* in *Gloy*, § 27 Rn. 48.

296 *Plaß*, WRP 2000, S. 1077, 1081.

297 *Völker/Weidert*, WRP 1997, S. 652, 663.

Medium zum Geschäftsabschlusse nutze[298] oder Marken, Firmenbestandteile oder erkennbare Abkürzungen seines Namens innerhalb der Domain verwende,[299] sei es angebracht, diese als Unternehmenskennzeichen einzuordnen. Zusätzlich wird argumentiert, es sei im Rahmen des § 5 Abs. 2 S. 1 MarkenG noch nicht einmal erforderlich, dass das Kennzeichen direkt eine bestimmte Person bezeichne. Vielmehr reiche es aus, wenn ihm zumindest die Fähigkeit zukomme, ein bestimmtes Geschäft von anderen Geschäften zu unterscheiden und auf dasjenige des Kennzeichenrechtsinhabers hinzuweisen.[300]

Eine Einordnung von Domain-Namen als Werktitel gem. § 5 Abs. 3 MarkenG komme insbes. dann in Betracht, wenn und soweit eine Internetseite Inhalte aufweise, welche den Inhalten sonstiger als Werk anerkannter Gegenstände entspreche, wie dies bspw. bei per Internet verbreiteten Zeitschriften, Magazinen, sonstigen Schriften, Film- oder Tonwerken der Fall sei,[301] oder wenn die als Domain gewählte Buchstabenfolge im Verkehr bereits als Werktitel bekannt sei.[302] Entscheidend sei darüber hinaus, dass sich aus dem Kommunikationszusammenhang ergebe, dass die Internet-Domain den Inhalt des Angebots selbst kennzeichnen soll. Hiervon sei dann auszugehen, wenn sie nicht mehr das Betreiben des Angebots durch eine Person oder ein Unternehmen kommuniziere, sondern vielmehr den Inhalt des Angebots, d.h. dessen immateriellen Gehalt selbst individualisiere und diesen von demjenigen anderer Angebote unterscheide.[303] Schließlich spreche gleichfalls die Judikatur zum Schutz von Computerprogrammen, nach welcher diesen kennzeichenrechtlicher Werktitelschutz gewährt werde,[304] dafür, Internetangeboten im World Wide Web ebenfalls einen derartigen Schutz hinsichtlich ihrer Domain-Namen zukommen zu lassen. Denn die Rechtsprechung habe u.a. die Notwendigkeit eines umfassenden Immaterialgüterrechtsschutzes im Bereich der Computersoftware betont.[305]

---

298 *Wiebe*, CR 1998, S. 157, 163 f.
299 *Ingerl/Rohnke*, § 5 Rn. 19.
300 *Nordemann*, NJW 1997, S. 1891, 1892.
301 *Völker/Weidert*, WRP 1997, S. 652, 663.
302 *Plaß*, WRP 2000, S. 1077, 1080.
303 *Wiebe*, CR 1998, S. 157, 164.
304 *BGH*, Urteil vom 24.04.1997 – I ZR 233/94 –, CR 1998, S. 6 ff. – „FTOS“; *ders.*, Urteil vom 24.04.1997 – I ZR 44/95 –, CR 1998, S. 5 f. – „PowerPoint“.
305 *Wiebe*, CR 1998, S. 157, 164.

(b) Ablehnend

Ein anderer Teil des Schrifttums lehnt es hingegen ab, Domains als geschäftliche Bezeichnungen i.S.d. § 1 Nr. 2, § 5 MarkenG anzuerkennen.[306] Grund hierfür sei, dass Internet-Domains primär und unmittelbar weder die Person, welche Adressat oder Absender der betreffenden Informationen sei, noch einen bestimmten Gewerbebetrieb oder gar eines seiner Produkte bezeichneten, sondern vielmehr lediglich auf den Rechner bzw. den Server hinwiesen, der die jeweiligen Informationen ins Netz stelle.[307] Des Weiteren könne niemand einem Domain-Namen an sich ansehen, ob mit der dazugehörigen Website kommerzielle Zwecke verfolgt würden. Dies sei aber Voraussetzung dafür, ihn als geschäftliche Bezeichnung zu qualifizieren.[308] Darüber hinaus sei die Einordnung von Internet-Domains als geschäftliche Bezeichnungen i.S.d. § 1 Nr. 2, § 5 MarkenG und ein damit einhergehender, eigenständiger Kennzeichenschutz gar nicht erforderlich, um einem Dritten die Benutzung eines bestimmten, kollidierenden Zeichens zu untersagen. Denn wie bei Namen i.S.d. § 12 S. 1 BGB und Marken gem. § 1 Nr. 1, § 3 Abs. 1 MarkenG stelle ein Domain-Name, welcher mit einer bereits bestehenden geschäftlichen Bezeichnung seines Inhabers übereinstimme, lediglich eine Anwendungsform dieses Kennzeichens dar und partizipiere folglich an dessen Kennzeichenschutz.[309] Selbst für den Fall, dass eine Bezeichnung zuerst als Second-Level-Domain und erst dann durch den jeweiligen Domain-Inhaber ebenfalls außerhalb des Internets verwendet werde, reiche ein derart abgeleiteter Schutz aus. Denn auch hierbei beziehe sich der unter Umständen durch den Gebrauch entstehende Kennzeichenschutz durch das MarkenG auf die betreffende Bezeichnung als solche und nicht allein auf ihre technische Umsetzung als Domain.[310] Allein dann, wenn eine Bezeichnung ausschließlich als Internet-Domain Verwendung finde, könne man an einen eigenständigen Schutz des Domain-Namens über seine Qualifizierung als geschäftliche Bezeichnung

306 *Kur*, CR 1996, S. 325, 326 f., 329; *Omsels*, GRUR 1997, S. 328, 331 ff.; *Stratmann*, BB 1997, S. 689, 691 f.; *Schließ*, ZUM 1999, S. 307, 309 ff.; *Fezer*, WRP 2000, S. 669, 670 ff.; *ders.*, § 3 MarkenG Rn. 303; *Welzel*, MMR 2001, S. 131, 133 f.

307 *Kur*, CR 1996, S. 325, 327; *Stratmann*, BB 1997, S. 689, 691 f.; *Fezer*, § 3 MarkenG Rn. 303.

308 *Omsels*, GRUR 1997, S. 328, 331.

309 *Welzel*, MMR 2001, S. 131, 133.

310 *Welzel*, MMR 2001, S. 131, 133.

nach § 1 Nr. 2, § 5 MarkenG denken. Aber selbst in einer solchen Fallkonstellation, die in der Praxis nur äußerst selten vorkomme, könnten die gravierenden Unterschiede zwischen Domains und geschäftlichen Bezeichnungen nicht ignoriert werden.

So werde erstens die Identifizierungsfunktion von Internet-Domains bereits durch den Umstand relativiert, dass Websites oft nicht direkt über die Eingabe eines Domain-Namens, sondern stattdessen durch den Gebrauch von Suchmaschinen[311] aufgesucht würden.[312] Darüber hinaus würden zweitens Domains generell umso weniger der Kennzeichnung eines bestimmten Unternehmens oder Werks dienen, je mehr sie sich von der in der realen, non-virtuellen Welt hierfür verwandten Bezeichnung unterscheiden würden.[313] Zudem erstrecke sich drittens eine etwaige Kennzeichnungsfunktion von Internet-Domains naturgemäß jedenfalls zunächst ausschließlich auf das Internet als deren technischen Wirkungsbereich und sei demzufolge gegenüber der Kennzeichnungsfunktion von Namen, Marken oder geschäftlichen Bezeichnungen aus der non-virtuellen Welt stark eingeschränkt. Denn diese würde im umgekehrten Fall durchaus auf das Internet durchschlagen, was sich an der Judikatur festmachen lasse, welche in der Regel dem Inhaber eines bestehenden Kennzeichenrechts einen entsprechend ausgestalteten Domain-Namen gewähre.[314] Schließlich könne es viertens jede Domain aus technischen Gründen nur ein einziges Mal geben,[315] wohingegen die Koexistenz mehrerer Inhaber derselben geschäftlichen Bezeichnung sehr wohl möglich sei, etwa, weil völlig andere Geschäftsbereiche betroffen seien und somit keinerlei Verwechselungsgefahr bestehe.[316]

Neben diesen Unterschieden zwischen Domain-Namen und geschäftlichen Bezeichnungen insgesamt sei speziell hinsichtlich der Gruppe der Unternehmenskennzeichen i.S.d. § 5 Abs. 2 MarkenG zu beachten, dass eine Internet-Domain, vergleichbar einer Telefon- oder Faxnummer, nicht namensmäßig verwendet werde. Denn kein Unternehmen werde ernsthaft behaupten, sein Name sei bspw.

---

311 Siehe S. 34.
312 *Wilmer*, CR 1997, S. 562, 563 ff.
313 Vgl. *Schließ*, ZUM 1999, S. 307, 309.
314 *Welzel*, MMR 2001, S. 131, 134.
315 Siehe S. 17 f.
316 *Welzel*, MMR 2001, S. 131, 134.

„http://www.x.com". Hierbei komme allenfalls die als Second-Level-Domain verwandte Bezeichnung „x" als Unternehmenskennzeichens in Betracht, so dass eine Domain zwar durch ihre Second-Level-Domain auf ein Kennzeichen ihres Inhabers hinweisen könne, dieses Kennzeichen aber nicht selber darstelle.[317] Ferner sei eine Internet-Domain im Hinblick auf eine Namensfunktion nicht ohne weiteres mit einer Fernschreibkennung vergleichbar, bei welcher der BGH die Möglichkeit in Erwägung gezogen hat, diese als Unternehmenskennzeichen anzusehen.[318] Denn im Gegensatz zu einer solchen Form der Kennzeichnung ohne jegliche Zusätze[319] enthalte ein Domain-Name notwendigerweise immer weitere technische Angaben in Form des Prä- (regelmäßig „http://www.") und Suffixes (z.B. „.de"), die zwingend zur Identifikation des Anbieters im Internet erforderlich seien.[320] Des Weiteren sei ebenso eine Einordnung von Domains als Geschäftsabzeichen und sonstige betriebliche Unterscheidungszeichen (nicht namensmäßiger Art) gem. § 5 Abs. 2 S. 2 MarkenG wegen der Tatsache problematisch, dass für die hierfür erforderliche Verkehrsgeltung auf sämtliche Adressaten eines Domain-Namens und mithin auf die gesamte weltweite Internetgemeinde abgestellt werden müsse. Auf Grund der Schnelllebigkeit des Informations- und Kommunikationsmediums Internet und seiner Ubiquität und Anonymität, werde es jedoch nur wenigen Domains vergönnt sein, eine solche „virtuelle Weltgeltung und Omnipräsenz" über den lokalen oder nationalen Bereich bzw. über den entsprechenden territorial eingegrenzten Nutzerkreis hinaus zu erlangen.[321]

Ähnliches gelte für die Gruppe der Werktitel nach § 5 Abs. 3 MarkenG, für die solche Internet-Domains in Betracht kämen, unter denen online bestimmte Werke, wie etwa die unter „http://www.hotwired.com" abrufbare Internetzeitschrift, feilgeboten würden. Auch bei ihnen komme niemand auf den Gedanken, ihr Titel entspreche der Gesamt-Domain, im gewählten Beispielsfall also „http://www.hotwired.com" oder zumindest „hotwired.com". Stattdessen stelle

317 *Omsels*, GRUR 1997, S. 328, 331.
318 Urteil vom 18.12.1985 – I ZR 122/83 –, GRUR 1986, S. 475 ff.
319 Im vorgenannten Urteil ging es um eine Fernschreibnummer unter der Bezeichnung „kores".
320 *Omsels*, GRUR 1997, S. 328, 331.
321 *Schließ*, ZUM 1999, S. 307, 310.

wiederum allenfalls die als Second-Level-Domain verwandte Bezeichnung „Hotwired“ den unter § 5 Abs. 3 MarkenG fallenden Werktitel dar.[322] Darüber hinaus sei ein virtuelles Publikationsmedium für Domain-Namen, welches dem non-virtuell existierenden Titelschutzanzeiger entspreche, bislang noch nicht vorhanden oder habe jedenfalls nicht den gleichen Stellenwert im Hinblick auf die damit verbundene Rechtswirkung.[323] Daneben erweise sich das Abstellen auf eine tatsächliche Ingebrauchnahme des Titels bei Domains als problematisch. Denn eine Veröffentlichung im Internet hänge von der Kenntnisnahme durch die Internetgemeinde ab, welche mangels einer Auflage oder ähnlicher Parameter nur schwer zu ermitteln sei. Genauso wenig biete eine Heranziehung der Anzahl der Seitenbesuche oder des Datums der ersten Internetpräsenz eine hinreichende Rechtssicherheit.[324]

(4) Stellungnahme

Im Rahmen einer Subsumtion von Internet-Domains unter den Begriff der geschäftlichen Bezeichnungen i.S.d. § 1 Nr. 2, § 5 MarkenG könnte es sich bei ihnen zunächst um *Unternehmenskennzeichen* gem. § 5 Abs. 2 MarkenG handeln. Unabhängig davon, welcher der beiden Untergruppen (§ 5 Abs. 2 S. 1 oder S. 2 MarkenG) man Domains zuordnen wollte, müssten sie die für sämtliche Unternehmenskennzeichen erforderliche Voraussetzung erfüllen, den Namen für ein *Unternehmen als solches* darzustellen. Dies erscheint bereits problematisch. Zwar gibt es auf der einen Seite eine Vielzahl von Domain-Namen, die als Second-Level-Domain die Bezeichnung irgendeines Unternehmens beinhalten (z.B. „http://www.sony.de“ oder „http://www.daimlerchrysler.de“) und bei denen man folglich daran denken könnte, die Gesamt-Domain als Name dieses Unternehmens anzusehen. Jedoch existieren auf der anderen Seite auch etliche Internet-Domains, deren Second-Level-Domains bspw. aus der Bezeichnung irgendeines Produktes, ob nun in Form einer Ware („http://www.tvspielfilm.de“) oder einer Dienstleistung („http://www.webwasher.de“), aus Wörtern des allgemeinen Sprachgebrauchs („http://www.billig.de“) oder aus Gattungsbezeich-

[322] *Omsels*, GRUR 1997, S. 328, 333.
[323] *Schließ*, ZUM 1999, S. 307, 310.
[324] *Schließ*, ZUM 1999, S. 307, 310 f.

nungen („http://www.autos.de“) bestehen. Bei solchen Domains scheidet es von vornherein aus, sie als Name eines bestimmten Unternehmens und mithin als Unternehmenskennzeichen i.S.d. § 5 Abs. 2 MarkenG anzusehen, da sie als Bezugs- bzw. Kennzeichnungsobjekt nicht auf ein Unternehmen als solches hinweisen.

Fraglich ist des Weiteren, ob für Internet-Domains die Untergruppe der namensmäßigen Kennzeichen nach § 5 Abs. 2 S. 1 MarkenG oder diejenige der Geschäftsabzeichen und sonstigen betrieblichen Unterscheidungszeichen (nicht namensmäßiger Art) gem. § 5 Abs. 2 S. 2 MarkenG einschlägig ist. Für diese im Einzelfall schwierige und zum Teil fließende Abgrenzung ist entscheidend, ob dem jeweiligen Kennzeichnungsobjekt Namensfunktion zukommt. Da bereits an anderer Stelle das Ergebnis ermittelt wurde, dass Internet-Domains eine solche Namensfunktion innehaben,[325] kommt für sie folglich die Untergruppe der namensmäßigen Kennzeichen nach § 5 Abs. 2 S. 1 MarkenG in Betracht.

Weiterhin müssten Domains die einzelnen Voraussetzungen erfüllen, die an solche namensmäßigen Kennzeichen nach § 5 Abs. 2 S. 1 MarkenG gestellt werden. Domain-Namen sind wie jeder andere Schriftzug optisch und demnach mit menschlichen Sinnesorganen wahrnehmbar, lassen sich von dem jeweiligen Bezugsobjekt abstrahieren und stellen somit „Zeichen“ gem. § 5 Abs. 2 S. 1 MarkenG dar.[326] Darüber hinaus müssten sie „im geschäftlichen Verkehr als Name, als Firma oder als besondere Bezeichnung eines Geschäftsbetriebs oder eines Unternehmens benutzt werden“. Internet-Domains stellen keine „Namen“ i.S.d. § 12 S. 1 BGB dar,[327] so dass ebenfalls im Rahmen des § 5 Abs. 2 S. 1 MarkenG, der den gleichen Namensbegriff verwendet wie das BGB, nichts anderes gilt. Problematisch erweist sich ebenso ihre Subsumtion unter den Begriff der „Firma“. Hierfür wäre u.a. gem. § 18 Abs. 1 HGB erforderlich, dass Domains Unterscheidungskraft zukommt. Ob dies der Fall ist, lässt sich jedoch wiederum nicht pauschal für sämtliche Internet-Domains beantworten. Denn neben solchen Domain-Namen, deren (allein zu einer solchen Unterscheidungs-

325 Siehe S. 37 f. und 32 ff.
326 Vgl. S. 68.
327 Siehe S. 48 ff.

kraft fähigen)[328] Second-Level-Domains aus unterscheidungskräftigen Bezeichnungen (etwa „Coca-Cola") bestehen, existiert ferner eine Vielzahl von Internet-Domains, welche stattdessen nicht unterscheidungskräftige Wörter der Umgangssprache, Gattungsbegriffe oder geographische Bezeichnungen beinhalten („http://www.kostenlos.de", „http://www.versandkataloge.de" oder „http://www.deutschland.de"). Gleiches gilt hinsichtlich der „besonderen Bezeichnungen eines Geschäftsbetriebs oder eines Unternehmens", die entweder einen Betrieb als Ganzes oder lediglich einen abgegrenzten Teil von ihm charakterisieren. Denn auch diesbezüglich lassen sich etliche Domain-Namen anführen, die diese Voraussetzung nicht erfüllen, z.B., weil sie ausschließlich im privaten Bereich genutzt werden und demnach keinerlei Bezug zu einem kommerziellen Unternehmen haben. Schließlich dienen solche rein privat verwendeten Domains nicht der Förderung einer erwerbswirtschaftlichen oder sonstigen beruflichen Tätigkeit des Domain-Inhabers oder eines Dritten, so dass bei ihnen darüber hinaus keine „Benutzung im geschäftlichen Verkehr" gem. § 5 Abs. 2 S. 1 MarkenG vorliegt. Insgesamt ergeben sich somit erhebliche Schwierigkeiten, Domain-Namen unter den Begriff der Unternehmenskennzeichen i.S.d. § 5 Abs. 2 MarkenG zu subsumieren.

Fraglich ist, ob es sich bzgl. des Begriffes der *Werktitel* gem. § 5 Abs. 3 MarkenG anders verhält. Daran, dass Internet-Domains den Namen oder die besondere Bezeichnung von „Druckschriften, Filmwerken, Tonwerken oder Bühnenwerken" darstellen, könnte man allenfalls insoweit denken, als ein solches Werk ausschließlich oder zumindest zusätzlich im Internet verbreitet würde. So existieren bspw. Zeitungen, deren Artikel nicht nur in den entsprechenden Printausgaben publiziert werden, sondern die darüber hinaus, jedenfalls partiell, ebenso auf der Website des entsprechenden Verlages abgespeichert und dort für Internetnutzer einsehbar sind (z.B. „http://www.zeit.de", „http://www.faz.net" oder „http://www.waz.de"). Darüber hinaus wäre es denkbar, dass in Zukunft sowohl die Film- als auch die Musikindustrie dazu übergehen werden, zusätzlich zu den traditionellen Vertriebswegen ihre Produkte gleichermaßen per direkter Datenübertragung über das Internet an den Konsumenten zu bringen, oder dass die Aufführung von Bühnenwerken live und kostenpflichtig über das weltweite

---

328 Siehe S. 48 f.

Datennetz verfolgt werden kann. In all diesen Fällen käme zumindest die Möglichkeit in Betracht, die jeweilige Domain als Titel des unter ihr feilgebotenen Werkes anzusehen. Jedoch ergeben sich gegen diese Sichtweise in zweifacher Hinsicht Bedenken. Zum einen würde ein solches Vorgehen jedenfalls voraussetzen, dass unter den entsprechenden Domain-Namen nur jeweils ein Werk angeboten wird, da ansonsten eine eindeutige Zuordnung der Domain zu einem bestimmten Werk nicht möglich wäre. Zum anderen ist, selbst wenn diese Voraussetzung im Einzelfall vorläge, davon auszugehen, dass die Verkehrsauffassung nicht die Gesamt-Domain, sondern lediglich die als Second-Level-Domain verwandte Bezeichnung als Titel des betreffenden Werkes ansähe. Denn nur dieser und nicht den weiteren technischen Angaben eines Domain-Namens („http://", „www", „.de" etc.) käme eine Unterscheidungs- und mithin eine Kennzeichnungskraft bzgl. des angebotenen Werkes zu.

Letztlich besteht noch die Möglichkeit, Internet-Domains als Namen oder besondere Bezeichnung „sonstiger vergleichbarer Werke" i.S.d. § 5 Abs. 3 MarkenG einzustufen. Dies würde voraussetzen, dass bei ihnen im Gegensatz zu körperlichen Produktmerkmalen ein geistiger Inhalt im Vordergrund steht und dieser die Entscheidung über den Kauf des jeweiligen Produkts bestimmt. Ob Domains diese Anforderungen erfüllen, hängt entscheidend davon ab, welche Bezugsobjekte bzw. Produkte man diesbezüglich heranzieht. Stellt man hierbei auf Waren ab, die einzeln oder mit mehreren anderen auf einer Internetseite feilgeboten werden, so wird man regelmäßig bereits die Dominanz eines geistigen Inhalts ablehnen müssen. Bei der Heranziehung von im Internet offerierten Dienstleistungen käme zwar eine solch herausragende Stellung des geistigen Inhalts durchaus in Betracht. Jedoch wäre zum einen wiederum erforderlich, dass unter der betreffenden Internet-Domain lediglich eine einzelne Dienstleistung feilgeboten wird. Zum anderen wird in einem solchen Fall die Kaufentscheidung wohl mehr durch die Beschreibung der Dienstleistung auf der jeweiligen Website denn allein durch den Domain-Namen bestimmt, unter welchem sie angeboten wird. Stellt man schließlich als Bezugsobjekt einer Domain und damit als Produkt, für welches sie als Titel fungiert, auf die unter ihr abgelegte Internetseite selbst ab, erscheint es auf den ersten Blick relativ unproblematisch, die Internet-Domain hinsichtlich dieses Kennzeichnungsobjekts als Name oder als besondere Bezeichnung eines sonstigen vergleichbaren Werks gem. § 5 Abs. 3 MarkenG anzusehen. Denn zum einen bereitet es keine Mühe, hierbei die Dominanz eines geistigen Inhalts zu bejahen. Zum anderen könnte man bzgl. der weiteren Voraussetzung, dass dieser geistige Inhalt für die *Kauf*entscheidung bestimmend sein muss, vertreten, dass zwar das erstmalige Aufrufen und Betrachten einer Homepage keinen Kauf im Rechtsinne darstelle. Jedoch sei der Domain-Name zumindest für die Entscheidung des Internetnutzers von großer Bedeutung, ob er die unter ihm abgespeicherte Website überhaupt aufrufen soll. Eine derartige, entscheidungslenkende Funktion einer Domain könnte man dann als den Anforderungen des § 5 Abs. 3 MarkenG genügend ansehen. Bei genauerem Hinsehen stellt sich jedoch die Frage, ob dieses Ergebnis auch mit der teleologischen Auslegung des Begriffes der sonstigen vergleichbaren Werke i.S.d. § 5 Abs. 3 MarkenG zu vereinbaren ist. Denn wie dargelegt, ermöglicht die Subsumtion eines bestimmten Werktyps unter diesen Begriff und die damit einhergehende Anerkennung des jeweiligen Titels als Werktitel im Rechtssinne eine Durchbrechung des ansonsten beim Schutz von Produktbezeichnungen als Marken geltenden Eintragungs- bzw. Verkehrsgeltungserfordernisses. Eine solche Ausnahme von der Regel wird damit begründet, dass bestimmte geistige Werke im Gegensatz zu sonstigen Waren immer schon im besonderen Maße durch ihre Titel individualisiert worden sind und ihnen demgemäß ein geringeren Anforderungen unterliegender Kennzeichenschutz zugute kommen muss. Ob nun aber jede x-beliebige Internetseite als Summe der auf ihr insbes. vorhandenen Text- und Bildinformationen mit den in § 5 Abs. 3 MarkenG explizit aufgeführten traditionellen Werktypen, wie etwa Druckschriften oder Bühnenwerken, im Sinne dieser Vorschrift *vergleichbar* ist und dadurch ebenfalls in den Genuss dieses ausnahmsweise stark erleichterten Kennzeichenschutzes kommt, erscheint zumindest sehr fraglich.

Es bleibt festzuhalten, dass eine Subsumtion von Internet-Domains unter den Begriff der geschäftlichen Bezeichnungen nach § 1 Nr. 2, § 5 MarkenG problematisch ist. Ob Domain-Namen Unternehmenskennzeichen gem. § 5 Abs. 2 MarkenG darstellen, kann nicht pauschal für sämtliche Domains beantwortet werden. Eine Bejahung dieser Frage kommt allenfalls bei solchen Internet-Domains in Betracht, die Bezeichnungen als Second-Level-Domains enthalten, welche ebenso außerhalb und losgelöst von der (Rest-) Domain den Anforderungen des § 5 Abs. 2 MarkenG gerecht werden und mithin auch alleine als Unternehmenskennzeichen einzuordnen sind. Ähnlich schwierig stellt sich der Versuch dar, Domain-Namen als Werktitel i.S.d. § 5 Abs. 3 MarkenG anzusehen, insbes., weil eine teleologische Auslegung dagegen spricht, Websites selbst als sonstige vergleichbare Werke einzustufen.

Darüber hinaus vermögen die Argumente derer, die sich für eine Einordnung von Internet-Domains als geschäftliche Bezeichnungen aussprechen, nicht zu überzeugen. Die Begründung des LG Braunschweig dafür, dass eine „Domain mit Unterscheidungskraft (...) ein sonstiges zur Unterscheidung des Geschäftsbetriebes bestimmtes Zeichen gem. § 5 Abs. 2 S. 2 MarkenG" darstelle,[329] ist deckungsgleich mit derjenigen, welche für die Fähigkeit eines Domain-Namens spricht, Kennzeichenrechte Dritter verletzen zu können. Dass diese beiden Fragen jedoch voneinander unterschieden werden müssen und ihre Beantwortung auf eigenständige Argumente gestützt werden muss, ist bereits ausführlich dargelegt worden.[330]

Desgleichen sind weder die Auffassung des OLG Dresden[331] noch der ähnliche Ansatz des OLG Hamburg[332] zu befürworten. Hiernach seien unabhängig von einem darüber hinausgehenden, weiteren Werk allein das sich auf einer Website befindende Informationsangebot und damit die Homepage als solche „grundsätzlich als immaterielles geistiges Arbeitsergebnis als Werk unter einer bestimmten Titelbezeichnung schutzfähig." Als eine solche Titelbezeichnung und demzufolge als Werktitel gem. § 5 Abs. 3 MarkenG komme hiernach die jeweilige Internet-Domain in Betracht. Gegen diese Ansicht spricht bereits der Umstand, dass die meisten Betreiber von Internetseiten in regelmäßigen Abständen Veränderungen an diesen vornehmen oder sogar ihren kompletten Inhalt austauschen, ohne gleichzeitig die dazugehörige Domain zu ändern. Dies hat zur Folge, dass der durchschnittliche Internetnutzer bei der Eingabe eines Domain-Namens nicht eine bestimmte, inhaltlich konstant bleibende Website und damit ein bestimmtes, inhaltlich festgelegtes Werk erwartet, sondern vielmehr sich

[329] Siehe S. 79.
[330] Siehe S. 37 ff.
[331] Siehe S. 79 f.
[332] Siehe S. 79.

ggf. verändernde Informationen des hinter der Internet-Domain stehenden Seitenbetreibers.

Ebenso tragen die Argumente des Domains als geschäftliche Bezeichnungen ansehenden Schrifttums letztendlich nicht. So wird zum einen oftmals wiederum nur eine Begründung geliefert, welche lediglich eine Kennzeichnungsfunktion von Domain-Namen und demnach ihre Fähigkeit belegt, Kennzeichenrechte Dritter verletzen zu können. Zum anderen führt auch das sich auf die Unterscheidungsfunktion stützende Argument zu keinem anderen Ergebnis, dass im Rahmen des § 5 Abs. 2 S. 1 MarkenG das Kennzeichen nicht unmittelbar eine bestimmte Person bezeichnen müsse, sondern es ausreiche, wenn das Kennzeichen zumindest zwischen mehreren Geschäften differenziere und auf dasjenige des Kennzeichenrechtsinhabers hinweise.[333] Denn ein derartiges Argument vermag lediglich eine Qualifizierung desjenigen Begriffes als geschäftliche Bezeichnung nach § 1 Nr. 2, § 5 MarkenG zu ermöglichen, der innerhalb der Second-Level-Domain verwendet wird und eine solche Unterscheidung überhaupt erst ermöglicht. Ob dies darüber hinaus gleichermaßen für die Gesamt-Domain mit ihren technischen Zusätzen in Form des Prä- (in der Regel „http://www.“) und Suffixes (bspw. „.de“), denen keine Unterscheidungsfunktion zukommt, gilt, vermag dieses Argument hingegen nicht zu klären.

Des Weiteren überzeugen gleichfalls diejenigen Argumente im Ergebnis nicht, welche die Literatur anführt, um eine Einordnung von Internet-Domains als Werktitel i.S.d. § 5 Abs. 3 MarkenG zu rechtfertigen.[334] Denn gegenüber den bereits aufgeführten Gründen gegen eine solche Sichtweise findet sich bei ihnen keine plausible Begründung dafür, warum z.B. der Titel einer unter „http://www.x-Zeitschrift.de“ (fiktives Bsp.) im Internet offerierten Zeitschrift statt „x-Zeitschrift“ die Gesamt-Domain sein soll. Insbes. dann, wenn ein und dasselbe Werk sowohl als Online- als auch als Druckversion erhältlich ist, wie z.B. bei der neben dem „normalen“ Vertriebsweg gleichfalls über das Internet unter „http://www.tvspielfilm.de“ zu beziehenden Programmzeitschrift, gelangt diese Literaturansicht nicht zu eindeutigen Ergebnissen. Denn ob in einem solchen Fall die auf der Druckversion gebrauchte Bezeichnung (im Bsp. „TV Spiel-

---

[333] Siehe S. 81.
[334] Siehe S. 81.

film"), die Gesamt-Domain („http://www.tvspielfilm.de") oder gar beides den das Werk kennzeichnenden Titel darstellen soll, ist nach diesem Ansatz nicht ersichtlich. Gegen Letzteres würde im Übrigen bereits die dann fehlende Eindeutigkeit der Zuordnung zwischen Werk und Titel sprechen.

Ebenso führt weder der Verweis auf die Judikatur zum Werktitelschutz von Computerprogrammen noch die innerhalb der entsprechenden Entscheidungen postulierte Notwendigkeit eines umfassenden Immaterialgüterrechtsschutzes im Bereich der Computersoftware zu einem anderen Ergebnis. Zum einen enthalten die Werktitel, die den betreffenden Computerprogrammen zuerkannt wurden, keine technischen Zusätze,[335] so dass sich eine Problematik wie die eben geschilderte, bei der sich zwei unterschiedliche Titel für ein und dasselbe Werk gegenüberstehen, hierbei nicht ergeben kann. Zum anderen erfordert es auch die betonte Notwendigkeit eines umfassenden Immaterialgüterrechtsschutzes im Bereich der Computersoftware nicht, Domain-Namen als geschäftliche Bezeichnungen gem. § 1 Nr. 2, § 5 MarkenG anzuerkennen und ihnen damit einen eigenständigen kennzeichenrechtlichen Schutz zukommen zu lassen. Denn zum Schutz von Domains reicht es vollkommen aus, durch ihren Gebrauch im Internet den als Second-Level-Domains verwandten Bezeichnungen einen Kennzeichenschutz zuzusprechen[336] und die Domain-Namen dann als eine Anwendungsform dieser Kennzeichen an deren Schutz teilnehmen zu lassen.

Alles in allem ist festzuhalten, dass Internet-Domains ihrer Rechtsnatur nach keine geschäftlichen Bezeichnungen i.S.d. § 1 Nr. 2, § 5 MarkenG darstellen. Demnach handelt es sich bei ihnen insgesamt um keines der unter besonderem rechtlichem Schutz stehenden Kennzeichen.

---

335 Vgl. *BGH*, Urteil vom 24.04.1997 – I ZR 233/94 –, CR 1998, S. 6 ff. – „FTOS"; *ders.*, Urteil vom 24.04.1997 – I ZR 44/95 –, CR 1998, S. 5 f. – „PowerPoint".

336 Vgl. diesbezüglich *BVerfG*, Beschluss vom 24.11.2004 – 1 BvR 1306/02 –, NJW 2005, S. 589, 590, wonach dem Inhaber einer Internet-Domain an der die Second-Level-Domain bildenden Zeichenfolge eine marken- oder kennzeichenrechtlich begründete Rechtsstellung zukommen kann.

b) Internet-Domains als Bündel vertraglicher Ansprüche des Domain-Inhabers gegen die jeweilige Vergabestelle

Da Domains weder Namen i.S.d. § 12 S. 1 BGB noch Marken gem. § 1 Nr. 1, § 3 Abs. 1 MarkenG oder geschäftliche Bezeichnungen nach § 1 Nr. 2, § 5 MarkenG darstellen, ergibt sich die Frage, welche Rechtsnatur ihnen stattdessen zukommt. Um dies beantworten zu können, ist es notwendig, einen Blick auf die bestehende Vergabepraxis von Domain-Namen zu werfen.

Wenn jemand beabsichtigt, Inhaber einer bestimmten Internet-Domain zu werden, so muss er sich diese bei derjenigen Vergabestelle registrieren lassen, welche für die Verwaltung von Domains unterhalb der von ihm anvisierten Top-Level-Domain zuständig ist. Möchte er bspw. einen auf „.de“ endenden Domain-Namen erhalten, muss er die Registrierung bei der deutschen DENIC eG vornehmen lassen. Beabsichtigt er jedoch, sich eine Internet-Domain unterhalb der Top-Level-Domain „.com“ registrieren zu lassen, muss er sich stattdessen an die US-amerikanische „Verisign Global Registry“ (früher NSI Registry) wenden.[337] Um die betreffende Vergabestelle dazu zu veranlassen, für ihn die gewünschte Domain zu registrieren, ist neben dem Umstand, dass diese bisher noch nicht vergeben sein darf,[338] ein Vertragsabschluss zwischen ihm und der Vergabestelle erforderlich. Bei diesem Vertrag, der als „Registrierungs-“[339] oder „Domain-Vertrag“[340] bezeichnet wird, handelt es sich um keinen der in den §§ 433 ff. BGB speziell geregelten Vertragstypen, sondern vielmehr um ein mit einer Lizenz vergleichbares Rechtsinstitut „sui generis“[341] bzw. um einen gemischttypischen Vertrag, welcher diverse voneinander unterscheidbare Einzelansprüche beinhaltet.[342]

---

337 *Welzel*, MMR 2001, S. 131, 132 Fn. 15.

338 Siehe S. 18 und § 2 Abs. 1 S. 1 der DENIC-RB (Stand: 14.10.2003), http://www.denic.de/de/bedingungen.html (01.10.2004).

339 Vgl. I. S. 3 der DENIC-RR (Stand: 14.10.2003), http://www.denic.de/de/richtlinien.html (01.10.2004).

340 *Welzel*, MMR 2001, S. 131, 132.

341 *LG Essen*, Beschluss vom 22.09.1999 – 11 T 370/99 –, MMR 2000, S. 286 ff. mit Anm. *Viefhues*.

342 *Welzel*, MMR 2001, S. 131, 132; vgl. diesbezüglich auch *BVerfG*, Beschluss vom 24.11.2004 – 1 BvR 1306/02 –, NJW 2005, S. 589, 589, wonach der Domain-Inhaber als

So gewährt ein solcher Vertrag dem Anmelder zu Beginn vor allem einen Anspruch auf die konstitutive Eintragung des Domain-Namens sowohl in das Register der jeweiligen Vergabestelle,[343] in welchem sämtliche dort verwaltete Internet-Domains samt der dazugehörigen Inhaberdaten aufgeführt sind,[344] als auch in deren sog. „Primary Nameserver“.[345] An Letzterem orientieren sich die Nameserver aller übrigen Vergabestellen,[346] und er ist es, der die Übersetzung einer Domain in die dazugehörige IP-Adresse vornimmt, um so eine Verbindung mit dem Rechner zu ermöglichen, auf dem die betreffende Website abgespeichert ist.[347] Insoweit schuldet die jeweilige Vergabestelle die einmalige Herbeiführung eines bestimmten Erfolges, so dass dieser Teilanspruch des Domain-Vertrages den Charakter eines werkvertraglichen Primäranspruches nach § 631 Abs. 1 BGB aufweist.[348] In der Folgezeit hat der Domain-Inhaber für den Fall, dass sich bspw. auf Grund eines Wohnungswechsels seine Anschrift ändert oder er seine Website auf einem anderen Server abspeichert und demzufolge ihre IP-Nummer wechselt, einen Anspruch darauf, dass die Vergabestelle diese Veränderungen in ihrem Register bzw. in ihrem Primary Nameserver vornimmt.[349] Auch ein derartiger Teilanspruch zielt auf die einmalige Herbeiführung eines bestimmten Erfolges, so dass er gleichfalls eine werkvertragliche Natur innehat.[350] Des Weiteren beinhaltet ein Domain-Vertrag ebenso Elemente eines Dauerschuldverhältnisses.[351] Dies findet seinen Ausdruck z.B. in einer unbe-

---

Gegenleistung für die an die DENIC eG zu zahlende Vergütung ein „relativ wirkendes, vertragliches Nutzungsrecht“ erhalte.

343 Vgl. § 2 Abs. 2 S. 1 der DENIC-RB (Stand: 14.10.2003), http://www.denic.de/de/bedingungen.html (01.10.2004) und IV. S. 1 der DENIC-RR (Stand: 14.10.2003), http://www.denic.de/de/richtlinien.html (01.10.2004).

344 *Welzel*, MMR 2001, S. 131, 132.

345 Vgl. § 2 Abs. 1 S. 1 der DENIC-RB (Stand: 14.10.2003), http://www.denic.de/de/bedingungen.html (01.10.2004).

346 *Welzel*, MMR 2001, S. 131, 132.

347 Siehe S. 17.

348 *Welzel*, MMR 2001, S. 131, 132; *Kleespies*, GRUR 2002, S. 764, 766; vgl. auch *Herrmann*, S. 53 ff.

349 Vgl. § 6 Abs. 1 und Umkehrschluss aus § 3 Abs. 2 der DENIC-RB (Stand: 14.10.2003), http://www.denic.de/de/bedingungen.html (01.10.2004).

350 *Welzel*, MMR 2001, S. 131, 132; *Kleespies*, GRUR 2002, S. 764, 766 f.

351 *Viefhues*, MMR 2000, S. 286, 287; *Hanloser*, CR 2001, S. 344, 345; *Lwowski/Dahm*, WM 2001, S. 1135, 1138; *Berger*, Rpfleger 2002, S. 181, 182 f.; *Kleespies*, GRUR 2002, S. 764, 766; *Mankowski* in *Böckenförde*, WRP 2002, S. 742, 743 = JurPC Web-Dok.

stimmten Vertragsdauer samt entsprechend vereinbarter Kündigungsvorschriften[352] und in einer regelmäßig vom Domain-Inhaber zu entrichtenden Vergütung.[353] Auf Seiten des Domain-Inhabers ergibt sich hieraus ein Anspruch gegen die Vergabestelle darauf, dass diese die zum Funktionieren der Internet-Domain erforderlichen Eintragungen aufrechterhält. Diesem Teil des Registrierungsvertrages kommt auf Grund dessen, dass hierbei statt eines einmaligen Erfolges eine fortdauernde Anstrengung geschuldet wird, ein dienstvertraglicher Charakter i.S.d. §§ 611 ff. BGB zu.[354] Schließlich könnte man in einem Domain-Vertrag bei äußerst detaillierter Betrachtungsweise noch die Fragmente weiterer Vertragstypen ausmachen, wie etwa den einem Mietvertrag nach §§ 535 ff. BGB entsprechenden Umstand, dass die Vergabestelle dem Domain-Inhaber für dessen Eintragungen im Register und im Primary Nameserver während der Vertragslaufzeit Speicherplatz auf ihrem Rechner überlassen muss.[355] Solche „Anspruchssplitter" treten jedoch im Verhältnis zu den oben genannten Hauptansprüchen eines Registrierungsvertrages in den Hintergrund und haben demnach für dessen rechtliche Einordnung keine eigenständige Bedeutung.

V. Ergebnis

Zusammenfassend ist nach alledem festzuhalten, dass eine Domain ihrer Rechtsnatur nach kein durch spezifische Vorschriften geschütztes Kennzeichen darstellt. Vielmehr handelt es sich bei ihr lediglich um ein (einfaches) Bündel vertraglicher Ansprüche, genauer gesagt um die Summe der dem Domain-Inhaber aus dem Registrierungsvertrag gegen die Vergabestelle zustehenden Teilan-

---

331/2002, Abs. 7, http://www.jurpc.de/aufsatz/20020331.htm (01.10.2004); *Nowrot* in *Tietje/Kraft*, Arbeitspapiere aus dem Institut für Wirtschaftsrecht, Heft 8, 2002, S. 9, http://www.jura.uni-halle.de/INSTITUT/Heft8.pdf (01.10.2004).

352 Vgl. § 7 der DENIC-RB (Stand: 14.10.2003), http://www.denic.de/de/bedingungen.html (01.10.2004).

353 Vgl. § 4 der DENIC-RB (Stand: 14.10.2003), http://www.denic.de/de/bedingungen.html (01.10.2004), i.V.m. der jeweils aktuellen DENIC-Preisliste, http://www.denic.de/de/preisliste.html (01.10.2004).

354 *Welzel*, MMR 2001, S. 131, 132; a.A. *Kleespies*, GRUR 2002, S. 764, 766, der hierin ein „werkvertragliches Dauerschuldverhältnis" sieht.

355 *Welzel*, MMR 2001, S. 131, 132.

sprüche.[356] Aus diesem Grunde steht das Kennzeichenrecht der generellen Zulässigkeit einer Zwangsvollstreckung in Internet-Domains nicht entgegen,[357] so dass eine Domain-Pfändung grundsätzlich zulässig ist.

---

356 *Welzel*, MMR 2001, S. 131, 132; *Berger*, Rpfleger 2002, S. 181, 183; *Kleespies*, GRUR 2002, S. 764, 766 f.; *Mankowski* in *Böckenförde*, WRP 2002, S. 742, 743 = JurPC Web-Dok. 331/2002, Abs. 7, http://www.jurpc.de/aufsatz/20020331.htm (01.10.2004); in der Sache genauso und das Bündel vertraglicher Ansprüche lediglich zusammenfassend als „Nutzungsrecht" an dem Domain-Namen bezeichnend *Schuppert* in *Spindler*, Teil VI Rn. 12; *Viefhues*, MMR 2000, S. 286, 287; *Nowrot* in *Tietje/Kraft*, Arbeitspapiere aus dem Institut für Wirtschaftsrecht, Heft 8, 2002, S. 9, http://www.jura.uni-halle.de/INSTITUT/Heft8.pdf (01.10.2004); *Racz*, S. 43 ff.

357 Vgl. S. 16.

D. UNZULÄSSIGKEIT EINER ZWANGSVOLLSTRECKUNG IM EINZELFALL

Fraglich ist, ob es trotz der generellen Zulässigkeit einer Zwangsvollstreckung in Domain-Namen Einzelfälle gibt, in denen eine solche Domain-Pfändung unzulässig ist.

I. Entgegenstehen des Kennzeichenrechts

Obwohl, wie dargestellt, das Kennzeichenrecht der generellen Zulässigkeit einer Zwangsvollstreckung in Internet-Domains nicht im Wege steht, kann es gleichwohl im Einzelfall dazu führen, dass eine Domain-Pfändung unzulässig ist. Dies ist dann der Fall, wenn drei Voraussetzungen kumulativ vorliegen. Erstens muss sich die innerhalb der betreffenden Domain als Second-Level-Domain verwandte Bezeichnung an ein (auch losgelöst vom Internet) geschütztes Kennzeichen des Vollstreckungsschuldners anlehnen. Zweitens ist erforderlich, dass dieses Kennzeichen als solches unpfändbar ist. Drittens muss die Anlehnung der als Second-Level-Domain verwandten Bezeichnung an das Kennzeichen derart stark sein, dass sich der von dem Kennzeichen ausgehende Schutz auch auf den Domain-Namen erstreckt.

1. Erste Voraussetzung

Die Anforderung der Anlehnung der als Second-Level-Domain verwandten Bezeichnung an ein bestehendes Kennzeichen ergibt sich bereits daraus, dass ohne sie ein kennzeichenrechtlicher Schutz der betreffenden Domain von vornherein nicht in Betracht kommt. Was diese Bedingung im Einzelnen anbetrifft, so ist sie insbes. dann erfüllt, wenn die Second-Level-Domain vollständig mit dem Namen i.S.d. § 12 S. 1 BGB, einer Marke nach § 1 Nr. 1, § 3 Abs. 1 MarkenG oder einer geschäftlichen Bezeichnung gem. § 1 Nr. 2, § 5 MarkenG des Vollstreckungsschuldners übereinstimmt. Dies wäre etwa der Fall bei einer Zwangsvollstreckung in Internet-Domains wie „http://www.boris-becker.de“, „http://www.tvspielfilm. de“ oder „http://www.microsoft.de“ gegen Boris Becker, die TOMORROW Internet AG oder die Microsoft Deutschland GmbH. Ferner ist diesem Erfordernis bereits dann Genüge getan, wenn die Second-Level-Domain neben dem jeweiligen Kennzeichen weitere Zusätze enthält (so z.B. bei „http://www.spiegel-online.de") oder sie in sonstiger Weise Assoziationen hinsichtlich eines bestehenden Kennzeichens hervorruft, ohne diesem jedoch vollständig zu entsprechen.

Bei der Suche nach einem Kennzeichen des Vollstreckungsschuldners ist die Möglichkeit zu beachten, dass erst durch die Verwendung einer Bezeichnung innerhalb eines Domain-Namens an dieser ein Kennzeichenschutz entstehen kann. Denn ein solcher Schutz, bspw. in Form einer sog. „Benutzungsmarke" gem. § 4 Nr. 2 MarkenG, kommt dann dieser Bezeichnung nicht nur innerhalb, sondern ebenso außerhalb des Internets zu.[358]

Grundsätzlich sind bereits diese erste Voraussetzung und damit ein kennzeichenrechtlicher Pfändungsschutz insgesamt bei all jenen Internet-Domains zu verneinen, die als Second-Level-Domain ausschließlich Wörter der Umgangssprache, Gattungsbegriffe etc. enthalten (z.B. „http://www.billig.de" oder „http://www.autos.de"). Der Grund hierfür liegt darin, dass diesen Begriffen in aller Regel die für sämtliche Kennzeichen erforderliche Unterscheidungskraft fehlt.[359]

2. Zweite Voraussetzung

Die weitere Bedingung, dass das betreffende Kennzeichen als solches unpfändbar sein muss, ist ebenso zwingend. Denn der rechtliche Schutz, welcher einer bloßen Anwendungsform eines Kennzeichens, im vorliegenden Fall in Gestalt einer entsprechend gewählten Domain, zuteil wird, kann nicht weiter reichen als der Schutz, den das Kennzeichen selbst genießt. Wenn also in das Kennzeichen als solches eine Zwangsvollstreckung betrieben werden kann, dann vermag auch der von ihm abgeleitete Schutz nicht die Pfändung eines Domain-Namens zu verhindern, der sich an dieses Kennzeichen lediglich anlehnt.

---

[358] Siehe S. 52 f.
[359] Vgl. S. 41.

Was nun die verschiedenen Kennzeichenarten anbelangt, so sind *Namen* i.S.d. § 12 S. 1 BGB grundsätzlich[360] nicht übertragbar[361] und damit gem. § 851 Abs. 1 ZPO auch nicht pfändbar. Zwar wird vereinzelt die Möglichkeit einer beschränkten „gebundenen“ Übertragung eines Namensrechts im Wege einer „dinglich wirksamen Lizenz“ bejaht, bei der ein vom Namensinhaber abgeleitetes Kennzeichenrecht in Form eines abgespalteten Teilrechts beim Erwerber entstehe, welches weiterhin vom „Mutterrecht“ des Namensinhabers abhängig sei.[362] Dem kann jedoch nicht gefolgt werden. Denn neben den grundsätzlichen Bedenken gegen diese nur schwer in die bestehende Kennzeichenrechtssystematik einzugliedernde Auffassung spricht gegen sie insbes., dass der in § 12 BGB festgehaltene Namensschutz im Abschnitt über „natürliche Personen“ steht. Demzufolge bezieht er sich in seiner ursprünglichen Bedeutung lediglich auf die namensmäßige Kennzeichnung, welche den einzelnen Menschen in seiner unverwechselbaren Individualität als Person von den übrigen Menschen abhebt und seine Identifizierung ermöglicht. In diesem Zusammenhang stellt der Namensschutz einen Ausfluss des allgemeinen Persönlichkeitsrechts dar[363] und ist mithin untrennbar mit der Person des Namensträgers verbunden.[364]

Im Gegensatz dazu sind *Marken* i.S.d. § 1 Nr. 1, § 3 Abs. 1 MarkenG gem. § 29 Abs. 1 Nr. 2 MarkenG sehr wohl pfändbar.[365] Nach Auffassung des Gesetzge-

---

360 Beachte die diesbezüglich geführte Diskussion darüber, ob die Unübertragbarkeit von Namen für einige der unter § 12 BGB fallenden Rechtspositionen ausnahmsweise nicht gelten soll, u.a. dargestellt bei *Schwerdtner* in Münchener Kommentar zum BGB, § 12 Rn. 126 ff.

361 *RG*, Urteil vom 21.09.1915 – II 95/15 –, RGZ 87, S. 147, 149; *dass.*, Urteil vom 27.01.1921 – IV 352/20 –, JW 1921, S. 824, 825; *BGH*, Urteil vom 26.02.1960 – I ZR 159/58 –, BGHZ 32, S. 103, 111 = NJW 1960, S. 1008, 1010; *ders.*, Urteil vom 23.09.1992 – I ZR 251/90 –, BGHZ 119, S. 237, 240; *Krüger-Nieland* in RGRK, § 12 Rn. 2; *Weick/Habermann* in *Staudinger*, § 12 Rn. 42 ff.; *H. P. Westermann* in *Erman*, § 12 Rn. 30; *Schwerdtner* in Münchener Kommentar zum BGB, § 12 Rn. 126 ff.; *Heinrichs* in *Palandt*, § 12 Rn. 14 ff.

362 *Forkel*, GRUR 1988, S. 491, 491 ff.; *ders.*, NJW 1993, S. 3181, 3182; *Klippel*, JR 1994, S. 239, 241.

363 Vgl. *RG*, Urteil vom 07.11.1908 – I 638/07 –, RGZ 69, S. 401, 403; *dass.*, Beschluss vom 23.11.1927 – IV B 56/27 –, RGZ 119, S. 44, 47; *BGH*, Urteil vom 15.01.1953 – IV ZR 76/52 –, BGHZ 8, S. 318, 319 = JZ 1953, S. 728 ff. = NJW 1953, S. 577 ff.

364 *BGH*, Urteil vom 23.09.1992 – I ZR 251/90 –, BGHZ 119, S. 237, 240; *Krüger-Nieland* in RGRK, § 12 Rn. 2; *Schwerdtner* in Münchener Kommentar zum BGB, § 12 Rn. 126 ff.

365 Siehe auch *Klaka* in *Ströbele/Klaka*, § 29 Rn. 6 f.

bers ist dies die logische Konsequenz der in § 27 Abs. 1 MarkenG festgelegten, „freien Übertragbarkeit“ von Marken, wobei „frei“ in diesem Sinne bedeutet, dass eine Marke auch unabhängig von einem ggf. dahinter stehenden Geschäftsbetrieb übertragen werden kann.[366]

Geschäftliche Bezeichnungen gem. § 1 Nr. 2, § 5 MarkenG sind, wie ausgeführt,[367] prinzipiell nicht isoliert, d.h. nicht ohne den dazugehörigen Geschäftsbetrieb, übertragbar.[368] Dies hätte nach § 851 Abs. 1 ZPO eigentlich zur Folge, dass auch eine isolierte Zwangsvollstreckung in sie unzulässig ist. Da darüber hinaus die Pfändung eines gesamten Geschäftsbetriebs nicht möglich ist,[369] wäre selbst die Zwangsvollstreckung in eine geschäftliche Bezeichnung zusammen mit dem dazugehörigen Geschäftsbetrieb und damit eine Pfändung insgesamt ausgeschlossen. Fraglich ist jedoch, ob dies für beide Arten von geschäftlichen Bezeichnungen, dass heißt sowohl für Unternehmenskennzeichen nach § 5 Abs. 2 MarkenG als auch für Werktitel gem. § 5 Abs. 3 MarkenG gleichermaßen gilt.

Was *Unternehmenskennzeichen* anbetrifft, so spricht vieles dafür, dass diese nicht isoliert übertragbar und mithin nach § 851 Abs. 1 ZPO nicht pfändbar sind. Zum einen ist dies für das in der Praxis wichtigste Unternehmenskennzeichen, nämlich für die Firma,[370] explizit in § 23 HGB gesetzlich geregelt.[371] Zum anderen lässt sich hierfür ein Umkehrschluss aus den §§ 27, 29 Abs. 1 Nr. 2 MarkenG heranziehen, in denen der Gesetzgeber die isolierte Übertragbarkeit und die Möglichkeit, potentielles Objekt einer Zwangsvollstreckung zu sein, lediglich für Marken i.S.d. § 1 Nr. 1, § 3 Abs. 1 MarkenG ausdrücklich geregelt hat. Denn aus den zusätzlich heranzuziehenden Gesetzgebungsmaterialien ergibt sich, dass der Gesetzgeber die Pfändbarkeit von Marken gem. § 29 Abs. 1 Nr. 2 MarkenG als Folge ihrer in § 27 Abs. 1 MarkenG festgelegten, freien Übertrag-

---

366 Begründung zum Markenrechtsreformgesetz, BT-Drucks. 12/6581 vom 14.01.1994, S. 86.

367 Siehe S. 16.

368 *Ingerl/Rohnke*, vor §§ 27-31 Rn. 7; *Klaka* in *Ströbele/Klaka*, § 5 Rn. 74 f., § 27 Rn. 5 f., § 29 Rn. 3; *Fezer*, § 27 MarkenG Rn. 12.

369 Vgl. *RG*, Urteil vom 17.01.1908 – VII 197/07 –, RGZ 68, S. 49, 54; *dass.*, Urteil vom 26.01.1909 – VII 146/08 –, RGZ 70, S. 226, 227 f.; *dass.*, Urteil vom 02.04.1919 – I 221/18 –, RGZ 95, S. 235, 237 f.; *BGH*, Urteil vom 11.10.1967 – I b ZR 144/65 –, NJW 1968, S. 392 f.

370 Siehe S. 73 f.

371 Vgl. *Ingerl/Rohnke*, vor §§ 27-31 Rn. 4; *Klaka* in *Ströbele/Klaka*, § 5 Rn. 75.

barkeit ansieht.[372] Im Gegensatz dazu wollte er es bzgl. geschäftlicher Bezeichnungen bei dem schon vor Inkrafttreten des MarkenG geltenden Recht belassen,[373] nach welchem geschäftliche Bezeichnungen nicht isoliert übertragbar[374] und mithin nicht pfändbar waren.

Anders könnte es jedoch bei *Werktiteln* i.S.d. § 5 Abs. 3 MarkenG aussehen. Denn im Gegensatz zu Unternehmenskennzeichen, bei denen ein Umkehrschluss aus den §§ 27, 29 Abs. 1 Nr. 2 MarkenG gegen eine isolierte Übertrag- und Pfändbarkeit spricht, kommt bei Werktiteln eine analoge Anwendung dieser Markenvorschriften in Betracht. Dies hätte zur Folge, dass Werktitel genau wie Marken sowohl isoliert übertragbar[375] als auch pfändbar sind. Für eine solche Analogie und die damit einhergehende Ungleichbehandlung von Unternehmenskennzeichen und Werktiteln lässt sich zum einen anführen, dass im Vergleich zu Unternehmenskennzeichen bei Werktiteln die Bindung an einen dahinter stehenden Geschäftsbetrieb weit weniger intensiv ist. Dies zeigt sich bereits bei der Entstehung eines Werktitels, welche, anders als bei Unternehmenskennzeichen, nicht an ein bestimmtes Unternehmen, sondern an ein bestimmtes Werk geknüpft ist.[376] Zum anderen ist ein Werktitel als Kennzeichen einer bestimmten Ware (nämlich eines bestimmten Werkes) seiner Natur nach den Marken gem. § 1 Nr. 1, § 3 Abs. 1 MarkenG wesentlich ähnlicher als den Unternehmenskennzeichen, die statt eines einzelnen Produktes einen gesamten Geschäftsbetrieb bezeichnen.[377] Darüber hinaus spricht die vom Gesetzgeber befürwortete, stärkere Angleichung der unterschiedlichen Kennzeichenrechte dafür, Marken und die ihnen wesensverwandten Werktitel weitestgehend gleich zu behandeln.[378] Ferner besteht im Vergleich zu Unternehmenskennzeichen bei Werktiteln ein stärkeres praktisches Bedürfnis danach, diese analog § 27 MarkenG

---

372 Siehe S. 99 f.

373 Begründung zum Markenrechtsreformgesetz, BT-Drucks. 12/6581 vom 14.01.1994, S. 84.

374 Stellvertretend für viele *RG*, Urteil vom 15.01.1904 – II 235/03 –, RGZ 56, S. 369, 371; *BGH*, Urteil vom 05.03.1951 – I ZR 40/50 –, GRUR 1951, S. 324, 325; *ders.*, Urteil vom 26.05.1972 – I ZR 44/71 –, GRUR 1973, S. 363, 365 mit Anm. *Heydt* – „Baader".

375 *Lehmann*, CR 1995, S. 129, 132; *Jacobs*, GRUR 1996, S. 601, 606; *Ingerl/Rohnke*, vor §§ 27-31 Rn. 4; *Fuchs*, GRUR 1999, S. 460, 466 f.; *Klaka* in *Ströbele/Klaka*, § 5 Rn. 76; a.A. *Starck*, WRP 1994, S. 698, 701; *Deutsch*, WRP 1998, S. 14, 15 f.

376 *Ingerl/Rohnke*, vor §§ 27-31 Rn. 4.

377 *Ingerl/Rohnke*, vor §§ 27-31 Rn. 4.

378 *Ingerl/Rohnke*, § 5 Rn. 40 und vor §§ 27-31 Rn. 4.

isoliert übertragen zu können. So existieren bspw. Fälle, in denen das Titelrecht an einer Zeitschrift auf einen anderen Verlag übergehen soll, ohne dass gleichzeitig auch der dazugehörige Geschäftsbetrieb oder das sich in diesem Fall ohnehin ständig ändernde Werk mit übertragen werden soll.[379] Schließlich fehlt bei Werktiteln eine dem § 23 HGB entsprechende Vorschrift.[380] Demnach sind die §§ 27, 29 Abs. 1 Nr. 2 MarkenG analog auf Werktitel (nicht aber auf Unternehmenskennzeichen) anwendbar, so dass von diesen beiden Arten einer geschäftlichen Bezeichnung lediglich Werktitel isoliert übertrag- und pfändbar sind.

3. Dritte Voraussetzung

Schließlich muss, damit im Einzelfall das Kennzeichenrecht einer Domain-Pfändung entgegensteht, die Anlehnung der als Second-Level-Domain verwandten Bezeichnung an das unpfändbare Kennzeichen des Vollstreckungsschuldners derart stark sein, dass sich der von dem Kennzeichen ausgehende Schutz auch auf den Domain-Namen erstreckt. Denn ohne eine derartige abschließende Wertung würde der von dem Kennzeichen abgeleitete rechtliche Schutz in unzulässiger Weise auf solche Domains ausgeweitet, die zu dem betreffenden Kennzeichen lediglich einen marginalen Bezug aufweisen. Dies wiederum würde dem besonderen und lediglich in engen Grenzen bestehenden Schutz, den das Kennzeichenrecht gewährt, nicht gerecht. Demzufolge muss diese letzte Bedingung als Regulativ verstanden werden, um eine unverhältnismäßige Ausuferung des Kennzeichenschutzes zu verhindern und so gleichermaßen dem legitimen Interesse des Vollstreckungsgläubigers Rechnung zu tragen, sich durch Zugriff auf das Schuldnervermögen bzgl. der ihm zustehenden Forderungen zu befriedigen.

Zwar kann an dieser Stelle keine endgültige und sämtliche Fälle aus der Praxis erfassende Antwort darauf gegeben werden, wann diese Voraussetzung im Einzelnen erfüllt ist und wann nicht. Insbes. die immense Vielzahl verschiedenartiger Domains lässt einen pauschalen und allumfassenden Lösungsansatz nicht zu. Vielmehr muss in jedem Einzelfall auf Grundlage einer wertenden Abwägung zwischen den berechtigten Interessen des Vollstreckungsschuldners und des

[379] *Ingerl/Rohnke*, vor §§ 27-31 Rn. 4.
[380] *Klaka* in *Ströbele/Klaka*, § 5 Rn. 76.

Vollstreckungsgläubigers danach gefragt werden, ob es gerechtfertigt ist, die jeweils von der Pfändung bedrohte Internet-Domain unter den Schutz des Kennzeichenrechts zu stellen und sie damit der Zwangsvollstreckung zu entziehen. Jedoch lassen sich trotz alledem bestimmte Fallgruppen bilden, die im Rahmen dieser wertenden Prüfung als Anhaltpunkte herangezogen werden können und damit eine gewisse Rechtssicherheit gewährleisten.

So ist die dritte Bedingung und damit der kennzeichenrechtliche Schutz einer Domain vor einer drohenden Zwangsvollstreckung insgesamt bspw. dann zu bejahen, wenn die als Second-Level-Domain verwandte Bezeichnung vollständig mit einem als solchen unpfändbaren Kennzeichen des Vollstreckungsschuldners, d.h. mit seinem Namen nach § 12 S. 1 BGB oder einem Unternehmenskennzeichen gem. § 5 Abs. 2 MarkenG[381] übereinstimmt. Dies wäre etwa bei einer Zwangsvollstreckung in Domains wie „http://www.boris-becker.de" oder „http://www.microsoft.de" gegen Boris Becker oder die Microsoft Deutschland GmbH der Fall. Auch bei Domain-Namen, die neben dem vollständigen Kennzeichen einen diesem untergeordneten, in der Praxis durchaus üblichen und kaum kennzeichnende Bedeutung habenden Zusatz wie z.B. „online" enthalten, wird man zu dem gleichen Ergebnis gelangen. Wenn aber dem Kennzeichen des Vollstreckungsschuldners innerhalb der Second-Level-Domain lediglich eine untergeordnete Rolle zukommt oder es dort nur partiell Verwendung findet, bspw. bei der Zwangsvollstreckung in eine Domain wie „http://www.boris-im-internet.de" (fiktives Bsp.) gegen einen Schuldner mit dem Vornamen Boris, dann wird man diese dritte Voraussetzung für einen kennzeichenrechtlichen Pfändungsschutz und diesen mithin insgesamt verneinen müssen.

4. Ergebnis

Nach alledem ergibt sich, dass das Kennzeichenrecht zwar nicht die generelle Unzulässigkeit einer Domain-Pfändung bewirkt, es aber gleichwohl im Einzelfall der Zwangsvollstreckung in bestimmte Domains entgegenstehen kann. So hat der Vollstreckungsschuldner etwa die Möglichkeit, unter Berufung auf sein Kennzeichenrecht die Pfändung eines Domain-Namens zu verhindern, welcher

[381] Siehe S. 99 ff.

sich in hinreichend starker Weise an seinen Namen i.S.d. § 12 S. 1 BGB oder an sein Unternehmenskennzeichen gem. § 5 Abs. 2 MarkenG anlehnt.[382] Was die Zwangsvollstreckung in Internet-Domains anbelangt, die sich an eine Marke nach § 1 Nr. 1, § 3 Abs. 1 MarkenG oder an einen Werktitel gem. § 5 Abs. 3 MarkenG des Schuldners anlehnen, so verhindert das Kennzeichenrecht diese zwar nicht. Jedoch ist hierbei zu beachten, dass eine solche Pfändung auf Grund des Kennzeichenrechts wirtschaftlich nur dann überhaupt Sinn macht, wenn zusätzlich zu dieser bloßen Anwendungsform in Gestalt des Domain-Namens ebenso die Marke oder der Werktitel selbst mitgepfändet wird.[383] Denn ansonsten würde der auf die Zwangsvollstreckung bzw. die spätere Verwertung folgende Gebrauch dieser Domain durch den Vollstreckungsgläubiger oder einen Dritten das beim Vollstreckungsschuldner verbliebene Marken- resp. Werktitelrecht verletzen. Hierdurch würden auf Seiten des Schuldners kennzeichenrechtliche Unterlassungsansprüche gegen diese Verwendung der Internet-Domain entstehen,[384] bei deren Geltendmachung die Domain-Pfändung wirtschaftlich ins Leere liefe.

II. Entgegenstehen des § 851 Abs. 1 ZPO

Fraglich ist des Weiteren, ob im Einzelfall auch § 851 Abs. 1 ZPO der Zwangsvollstreckung in einen Domain-Namen entgegenstehen kann. Dies würde voraussetzen, dass die betreffende Domain aus bestimmten Gründen nicht auf Dritte übertragen werden kann. Als Ursache für eine solche Unübertragbarkeit einer mit Pfändung bedrohten Internet-Domain kommen zwei Aspekte in Betracht.

Zum einen könnte man daran denken, dass ein Domain-Name, dessen Second-Level-Domain sich an ein unübertragbares Kennzeichen anlehnt, selbst unübertragbar und damit nach § 851 Abs. 1 ZPO unpfändbar ist. Dem ist jedoch entgegenzuhalten, dass es sich bei einer Domain nicht selbst um ein Kennzeichen handelt,[385] sondern sie allenfalls eine bloße Anwendungsform eines solchen dar-

[382] Vgl. *Schneider*, ZAP 1999, Fach 14, S. 355, 356.
[383] Vgl. *Viefhues*, MMR 2000, S. 286, 286.
[384] Siehe S. 27 ff.
[385] Siehe S. 95 f.

stellen kann,[386] für welche nicht die gleichen Regeln gelten, wie für das Kennzeichen selbst. So kann etwa der Inhaber eines unübertragbaren Kennzeichens sehr wohl gewisse, auf einen bestimmten Teilbereich begrenzte Nutzungsrechte an diesem auf andere übertragen.[387] Bspw. könnte Boris Becker trotz seines selbst unübertragbaren Namensrechts einem Sportartikelhersteller das Recht einräumen, für ein bestimmtes Tennisschlägermodell seinen Namen zu verwenden. Genauso wie bei einer solchen Modellbezeichnung (fiktives Bsp.: „Boris Becker T 1000"), handelt es sich auch bei einer Internet-Domain wie „http://www.boris-becker.de" lediglich um eine Anwendungsform des Namens „Boris Becker" und nicht um den Namen selbst. Demgemäß kann auch eine solche Domain, die sich an ein unübertragbares Kennzeichen ihres Inhabers anlehnt, von diesem auf Dritte übertragen werden, etwa, damit dieser sich die Bekanntheit des betreffenden Kennzeichens für sein Internetangebot zu Nutze macht. Dies entspricht darüber hinaus der gängigen Praxis, da Vergabestellen Domain-Namen auf Antrag ihres Inhabers unabhängig davon auf Dritte umregistrieren, ob dem Inhaber an dieser Domain ein Kennzeichenrecht zusteht oder nicht (vgl. § 6 Abs. 2 der DENIC-RB). Hierin besteht kein Widerspruch zu dem oben erzielten Ergebnis, dass solche Internet-Domains auf Grund des Kennzeichenrechts ihres Inhabers unter Umständen nicht gepfändet werden können,[388] da es im Gegensatz zur Zwangsvollstreckung eine freiwillige Entscheidung des Kennzeichenrechtsinhaber ist, einen entsprechend ausgestalteten Domain-Namen auf einen Dritten zu übertragen. Es ist also festzuhalten, dass Domains selbst dann, wenn sie sich an ein unübertragbares Kennzeichen ihres Inhabers anlehnen, von diesem frei auf Dritte übertragen werden können.

Anders verhält es sich jedoch mit dem zweiten Aspekt, der als Grund für eine Unübertragbarkeit einer Internet-Domain im Rahmen des § 851 Abs. 1 ZPO in Betracht kommt, namentlich dem sog. „Dispute-Eintrag". Unter diesem versteht man die Möglichkeit eines Dritten, einer Domain-Vergabestelle glaubhaft zu machen, er habe an einer bereits bei ihr registrierten Domain ein „besseres"

---

[386] *Welzel*, MMR 2001, S. 131, 133 f.; *Stickelbrock* in *Böckenförde*, WRP 2002, S. 742, 742 = JurPC Web-Dok. 331/2002, Abs. 5, http://www.jurpc.de/aufsatz/20020331.htm (01.10.2004).

[387] Vgl. *Forkel*, NJW 1993, S. 3181, 3182.

[388] Siehe S. 103 f.

Recht als deren Inhaber. Folge hiervon ist, dass für die Dauer des Dispute-Eintrags bzw. bis zur Klärung des diesbezüglichen Rechtsstreits der Domain-Name von seinem Inhaber nicht auf Dritte übertragen werden kann (vgl. § 2 Abs. 3, § 6 Abs. 2 S. 3 der DENIC-RB).[389] Zwar ändert dies nichts an der prinzipiellen Übertragbarkeit einer Internet-Domain (vgl. § 6 Abs. 2 der DENIC-RB),[390] aber dennoch ist für die Dauer des Bestehens eines solchen Dispute-Eintrags die betreffende Domain (ausnahmsweise) nicht übertragbar und mithin gem. § 851 Abs. 1 ZPO während dieser Zeit auch nicht pfändbar. Dem kann darüber hinaus nicht § 851 Abs. 2 ZPO entgegengehalten werden,[391] da eine Internet-Domain sich nicht auf einen seinerseits pfändbaren Gegenstand bezieht und § 851 Abs. 2 ZPO aus diesem Grunde nicht anwendbar ist.[392] Dass während des Bestehens eines Dispute-Eintrags eine Domain nicht pfändbar ist, erscheint gleichfalls sachgerecht. Denn hierdurch ist es einem Dritten, der sowohl im Vergleich zum Vollstreckungsschuldner als auch zum Vollstreckungsgläubiger ein „besseres" Recht an dem betroffenen Domain-Namen hat, möglich, einen bereits gegen den Schuldner angestrengten Rechtsstreit erfolgreich zu Ende zu führen, anstatt nunmehr einen neuen Prozess gegen den Gläubiger betreiben zu müssen. Selbst dem Vollstreckungsgläubiger gereicht dieses Resultat letztendlich nicht zum Nachteil, da er ansonsten die ihm gerade im Wege der Zwangsvollstreckung zugesprochene Internet-Domain wieder an den Dritten verlieren würde, ohne dass seine Forderungen gegen den Vollstreckungsschuldner befriedigt worden wären. Anzumerken ist noch, dass dieses Ergebnis nicht in unzulässiger Weise die Drittwiderspruchsklage des § 771 ZPO außer Acht lässt, welche Dritten die Möglichkeit einräumt, ihnen zustehende und durch die Zwangsvollstreckung betroffene, materielle Rechtspositionen bereits im Vollstreckungsverfahren geltend zu machen.[393] Denn der Vollstreckungsschuldner ist selbst dann, wenn einem Dritten ein „besseres" Recht an der von Pfändung bedrohten Domain zukommt und diese folglich dessen Kennzeichenrechte verletzt, der an dem Domain-Namen „materiell Berechtigte" (vgl. III. S. 1 der DENIC-RR). Somit gehört die

---

389 Siehe S. 12.
390 Siehe S. 12 f.
391 So aber *Berger*, Rpfleger 2002, S. 181, 184.
392 Vgl. *Hanloser*, Rpfleger 2000, S. 525, 528.
393 *Lackmann* in *Musielak*, § 771 Rn. 1; *Münzberg* in *Stein/Jonas*, 22. Aufl., § 771 Rn. 1 ff.

Domain trotz eines eventuell bestehenden Unterlassungsanspruchs des Dritten weiterhin zum Vermögen des Vollstreckungsschuldners, so dass der Dritte über eine Drittwiderspruchsklage nach § 771 ZPO seine Rechte nicht geltend machen könnte.[394] Insgesamt bleibt also festzuhalten, dass im Einzelfall § 851 Abs. 1 ZPO der Zwangsvollstreckung in eine Internet-Domain solange entgegensteht, wie für diese ein Dispute-Eintrag bei der jeweiligen Vergabestelle existiert.

III. Entgegenstehen des § 803 Abs. 2 ZPO

Darüber hinaus kann im Einzelfall ebenso § 803 Abs. 2 ZPO die Pfändung bestimmter Domain-Namen verhindern. Dies ist bei solchen Domains der Fall, für die es erkennbar keinen potentiellen Erwerber gibt, d.h. für die sich niemand außer dem Vollstreckungsschuldner selbst ernsthaft interessiert, so dass durch ihre Verwertung eine Befriedigung des Vollstreckungsgläubigers kaum zu erwarten ist.[395] Denkbar wären hierbei bspw. Internet-Domains, die sehr konkret eine individuelle Besonderheit des Schuldners, etwa eine ungewöhnliche Freizeitbeschäftigung, beschreiben, welche von kaum jemandem sonst geteilt wird (fiktives Bsp.: „http://www.heinz-und-sein-kleiner-flohzirkus.de"). Die Zwangsvollstreckung in eine solche Domain könnte vom Vollstreckungsgläubiger, da eine Verwertung von vornherein kaum Aussicht auf Erfolgt hat, nur zu dem Zwecke verfolgt werden, den Vollstreckungsschuldner so unter Druck zu setzen, dass er seine Verbindlichkeiten gegen Rückübertragung des Domain-Namens doch noch begleicht. Ein solches Motiv widerspricht jedoch der Natur des deutschen Vollstreckungsrechts und ist letztendlich gem. § 803 Abs. 2 ZPO unzulässig.[396]

---

394 *Berger*, Rpfleger 2002, S. 181, 184; *Kleespies*, GRUR 2002, S. 764, 773.

395 Vgl. *Welzel*, MMR 2001, S. 131, 135.

396 A.A. und § 803 Abs. 2 ZPO offenbar nicht berücksichtigend *Schmittmann*, JurBüro 2000, S. 213, 214.

IV. Entgegenstehen des § 811 Abs. 1 Nr. 5 ZPO

Schließlich besteht noch die Möglichkeit, dass im Einzelfall § 811 Abs. 1 Nr. 5 ZPO der Zwangsvollstreckung in eine Internet-Domain entgegensteht.[397] Diese Vorschrift ist zwar auf eine Domain-Pfändung nicht unmittelbar anwendbar, da sie sich im Abschnitt über die Zwangsvollstreckung in körperliche Sachen befindet, wohingegen es sich bei einer Domain-Pfändung gem. § 857 Abs. 1 ZPO um eine solche in „andere Vermögensrechte" handelt. Jedoch ist sie mittelbar ebenso bei einer Vollstreckung in Rechte zu berücksichtigen. Dies ist zum einen über die Härteklausel des § 765a ZPO möglich, welche sich im Abschnitt der allgemeinen Zwangsvollstreckungsvorschriften befindet und demnach auch auf eine Rechtspfändung anwendbar ist.[398] Zum anderen ist gleichermaßen denkbar, § 811 Abs. 1 Nr. 5 ZPO bei einer Vollstreckung in Rechte analog heranzuziehen.[399] Jedenfalls muss der in § 811 Abs. 1 Nr. 5 ZPO festgelegte Grundsatz, dass dem Vollstreckungsschuldner nichts entzogen werden darf, was dieser für seine weitere Erwerbstätigkeit zwingend benötigt, auch bei der Pfändung von Rechten beachtet werden.

Ein solcher Pfändungsschutz gem. § 811 Abs. 1 Nr. 5 ZPO setzt allerdings voraus, dass die als Arbeitsmittel in Betracht kommende Domain zur Fortsetzung der Erwerbstätigkeit ihres Inhabers tatsächlich „erforderlich" ist, wobei dies anhand von wirtschaftlichen und betriebstechnischen Kriterien beurteilt werden muss.[400] Eine solche Erforderlichkeit kann etwa gegeben sein bei Internet-Domains von Betreibern reiner Online-Dienste, z.B. Suchmaschinen oder E-Mail-Dienste, welche ihre Geschäfte beinahe ausschließlich via Internet abwickeln. Anders liegt der Fall bei Domains, unter denen lediglich zusätzlich zum schwerpunktmäßig nicht-virtuellen Angebot eine Internetpräsenz des betreffenden

---

[397] *LG Mönchengladbach*, Beschluss vom 22.09.2004 – 5 T 445/04 –, NJW-aktuell Heft 1-2/2005, S. XIV; *Welzel*, MMR 2001, S. 131, 135; *Berger*, Rpfleger 2002, S. 181, 185; diese Möglichkeit in Erwägung ziehend, sie im Ergebnis jedoch mangels hinreichender Substanziierung offen lassend *LG Essen*, Beschluss vom 22.09.1999 – 11 T 370/99 –, CR 2000, S. 247 = GRUR 2000, S. 453 f. = JurBüro 2000, S. 213 f. mit Anm. *Schmittmann* = MMR 2000, S. 286 ff. mit Anm. *Viefhues* = Rpfleger 2000, S. 168.

[398] *Welzel*, MMR 2001, S. 131, 135; *Berger*, Rpfleger 2002, S. 181, 185.

[399] *Welzel*, MMR 2001, S. 131, 135 Fn. 70; *Berger*, Rpfleger 2002, S. 181, 185.

[400] *Noack*, BB 1966, S. 1007, 1009.

Unternehmens abrufbar ist. Es bedarf für den Vollstreckungsschuldner jedoch nur eines relativ geringen finanziellen und zeitlichen Aufwands, sich eine Ersatz-Domain registrieren zu lassen und hierunter seine Website und damit seine Geschäfte weiter zu betreiben. Demnach ist den strengen Anforderungen an eine Erforderlichkeit i.S.d. § 811 Abs. 1 Nr. 5 ZPO nur dann Genüge getan, wenn ein Domain-Wechsel auf Grund eines gewissen Bekanntheitsgrades des betreffenden Domain-Namens erhebliche wirtschaftliche Nachteile für den Vollstreckungsschuldner zur Folge hätte und somit faktisch nicht ohne weiteres möglich ist.[401] Bei einem sehr hohen Bekanntheitsgrad der betreffenden Domain ist aber die Möglichkeit zu beachten, dass hierdurch an der als Second-Level-Domain verwandten Bezeichnung ein eigenständiger Kennzeichenschutz in Form eines Unternehmenskennzeichens nach § 5 Abs. 2 MarkenG entstehen kann. Dies würde bereits unabhängig von § 811 Abs. 1 Nr. 5 ZPO eine Zwangsvollstreckung in die Internet-Domain auf Grund des dann vorliegenden Kennzeichenrechts verhindern.[402]

---

401 *Welzel*, MMR 2001, S. 131, 135.
402 Siehe S. 103 f.

E. DURCHFÜHRUNG EINER ZWANGSVOLLSTRECKUNG IM EINZELNEN

Vollstreckungsrechtlich handelt es sich bei Domains um „andere Vermögensrechte“ i.S.d. § 857 Abs. 1 ZPO,[403] so dass bei einer Zwangsvollstreckung in sie wegen Geldforderungen neben den allgemeinen Vorschriften die §§ 828 ff. ZPO zur Anwendung kommen. Unproblematisch und unstreitig ist, dass bei einer solchen Domain-Pfändung die allgemeinen formellen Vollstreckungsvoraussetzungen, d.h. ein Vollstreckungstitel nach §§ 704 Abs. 1, 794 Abs. 1 ZPO, eine Vollstreckungsklausel gem. §§ 724, 725 ZPO und die Zustellung des Vollstreckungstitels nach § 750 Abs. 1 ZPO vorliegen müssen.[404] Daneben existieren jedoch einige, zum Teil umstrittene Problemfelder, die im Folgenden näher erörtert werden sollen.

I. Vollstreckungsgegenstand

Fraglich ist zunächst einmal, was der Gegenstand der Zwangsvollstreckung in eine Internet-Domain ist. Dies ist deswegen nicht von vornherein offensichtlich, weil es sich bei einem Domain-Namen seiner Rechtsnatur nach, im Gegensatz etwa zu einer einzelnen Geldforderung, nicht um einen einzigen Anspruch, sondern um ein ganzes Bündel vertraglicher Ansprüche, genauer gesagt um die Summe der dem Domain-Inhaber aus dem Registrierungsvertrag gegen die Vergabestelle zustehenden Teilansprüche handelt.[405]

Diesbezüglich werden insgesamt drei Ansätze vertreten, die das Objekt einer Domain-Pfändung unterschiedlich weit eingrenzen. Eine Auffassung beschränkt die Zwangsvollstreckung allein auf den Konnektierungs-[406] bzw. zusätzlich noch auf den Registrierungsanspruch des Domain-Inhabers,[407] d.h. auf seine Ansprüche darauf, dass seine Domain sowohl im Primary Nameserver als auch im Re-

---

[403] Siehe S. 9 ff.

[404] *Viefhues*, MMR 2000, S. 286, 286 f.; *Lwowski/Dahm*, WM 2001, S. 1135, 1140.

[405] Siehe S. 93 ff.

[406] *Hanloser*, Rpfleger 2000, S. 525, 527 f.; *ders.*, CR 2000, S. 703, 704; *ders.*, CR 2001, S. 344, 345.

[407] *Hanloser*, CR 2001, S. 456, 458.

gister der jeweiligen Vergabestelle eingetragen wird.[408] Andere dehnen die Pfändung auf sämtliche dem Domain-Inhaber aus dem Registrierungsvertrag zustehenden Teilansprüche gegen die Vergabestelle und damit auf das gesamte Anspruchsbündel aus, aus welchem ein Domain-Name besteht.[409] Schließlich wird sogar vertreten, die Zwangsvollstreckung erfasse nicht nur sämtliche Ansprüche des Domain-Inhabers, sondern darüber hinaus ebenso seine Pflichten und mithin die gesamte Parteistellung, welche er im Rahmen des Domain-Vertrages innehabe.[410]

Die erstgenannte Ansicht vermag mit ihrem sehr eng gefassten Vollstreckungsgegenstand nicht zu überzeugen. Ihr folgend würde sich nicht nur die Domain-Pfändung, sondern ebenso die spätere Verwertung allein auf die genannten Teilansprüche eines Domain-Namens beschränken. Dies hätte zur Konsequenz, dass im Rahmen der Verwertung lediglich diese Ansprüche auf den Vollstreckungsgläubiger oder einen Dritten übergehen könnten, während die restlichen Teilansprüche, aus denen eine Internet-Domain besteht, beim Vollstreckungsschuldner verbleiben würden.[411] Mithin könnte der neue Inhaber zwar von der Vergabestelle die erstmalige Eintragung seiner Daten im Primary Nameserver und im Register verlangen. Jedoch hätte er bspw. bei einer Veränderung dieser Informationen auf Grund eines Wohnungs- oder Serverwechsels keinen Anspruch auf Anpassung der betreffenden Datenbestände, da dieser von der Pfändung nicht erfasste Anspruch weiterhin dem Vollstreckungsschuldner zustehen würde. Dieses Bsp. verdeutlicht, dass eine Aufteilung der einzelnen Teilansprüche einer Domain unter mehreren Personen und mithin eine Beschränkung der Zwangsvollstreckung lediglich auf bestimmte Teilansprüche eines Domain-Namens in der Praxis nicht umsetzbar ist.

Jedoch ist ebenso der besonders weit gefasste Ansatz abzulehnen, welcher nicht nur sämtliche Ansprüche, sondern ferner alle Pflichten und damit die gesamte Parteistellung des Domain-Inhabers als Vollstreckungsgegenstand ansieht. Gegen ihn lässt sich bereits der Wortlaut des für die Domain-Pfändung ein-

---

[408] Siehe bzgl. dieser beiden Teilansprüche S. 102.

[409] *Welzel*, MMR 2001, S. 131, 135 f.

[410] *Berger*, Rpfleger 2002, S. 181, 183; *Kleespies*, GRUR 2002, S. 764, 768 ff.; *Herrmann*, S. 93 ff.

[411] Siehe zur Verwertung insgesamt S. 129 ff.

schlägigen § 857 Abs. 1 ZPO anführen, welcher lediglich von der Zwangsvollstreckung in „andere Vermögens*rechte*" (und nicht Pflichten) spricht. Des Weiteren findet auch im Rahmen anderer Vertragsverhältnisse eine Vollstreckung lediglich in die dem Schuldner zustehenden Rechte, etwa gem. § 859 Abs. 1 ZPO in die Anteilsrechte eines Gesellschafters am Gesellschaftsvermögen, und nicht darüber hinaus in dessen Pflichten statt.[412] Zieht man schließlich noch die Rechtsprechung heran, nach der grundsätzlich die gesamte Parteistellung innerhalb eines Schuldverhältnisses nicht pfändbar ist,[413] so scheidet als Gegenstand einer Domain-Pfändung die vollständige vertragliche Position des Domain-Inhabers aus.

Demnach ist der Auffassung zu folgen, welche hinsichtlich der Eingrenzung des Vollstreckungsgegenstandes eine vermittelnde Position einnimmt, indem sie als Objekt einer Domain-Pfändung alle Teilansprüche des Domain-Inhabers und mithin das vollständige Anspruchsbündel ansieht, aus dem ein Domain-Name besteht.

II. Vergabestelle als Drittschuldnerin

Des Weiteren stellt sich bei der Zwangsvollstreckung in eine Internet-Domain die Frage, ob die jeweilige Vergabestelle als Drittschuldnerin anzusehen und somit in die Pfändung eines bei ihr registrierten Domain-Namens einzubeziehen ist. Das Gesetz gibt hierauf keine Antwort, da es gem. § 857 Abs. 2 ZPO bei der Zwangsvollstreckung in „andere Vermögensrechte" i.S.d. § 857 Abs. 1 ZPO offen lässt, ob ein Drittschuldner in die Zwangsvollstreckung einzubinden ist oder nicht.

Einige lehnen eine solche Einbeziehung der Vergabestelle als Drittschuldnerin, worunter man jeden Dritten versteht, dessen Leistung zur Ausübung des gepfändeten Rechts erforderlich ist oder dessen Rechtsstellung von der Pfändung sonst wie berührt wird,[414] ab.[415] Als Grund hierfür wird zum einen darauf verwiesen,

---

412 Vgl. insgesamt *Putzo* in *Thomas/Putzo*, § 857 Rn. 2 ff.

413 Vgl. *RG*, Urteil vom 26.01.1909 – VII 146/08 –, RGZ 70, S. 226, 229.

414 *BGH*, Beschluss vom 18.12.1967 – V ZB 6/67 –, BGHZ 49, S. 197, 204 = NJW 1968, S. 493, 495; *Stöber* in *Zöller*, § 857 Rn. 4.

dass wegen einer entsprechenden Verpflichtung der Vergabestelle der Schuldner letztendlich selbst die Übertragung seiner Domain auf den Vollstreckungsgläubiger oder auf einen Dritten veranlassen könne, so dass eine diesbezügliche Verpflichtung der Vergabestelle gar nicht erforderlich sei.[416] Zum anderen würde das für den Drittschuldner eintretende sog. „Arrestatorium", d.h. das Verbot noch an den Vollstreckungsschuldner zu leisten,[417] dessen Sinn es sei, ein Erlöschen der gepfändeten Forderung zu verhindern,[418] bei einer Domain-Pfändung ins Leere laufen. Denn ein weiteres Aufrechterhalten der Internet-Domain durch die Vergabestelle für den Vollstreckungsschuldner nach erfolgter Pfändung berühre deren Existenz in keiner Weise.[419] Ferner würde die mit der Einbeziehung bewirkte Möglichkeit, den Drittschuldner nach § 840 ZPO zur Abgabe einer Drittschuldnererklärung über das Bestehen und die genaue Höhe der gepfändeten Forderung zwingen zu können, bei der Zwangsvollstreckung in einen Domain-Namen keinen Sinn machen. Der Grund hierfür liege darin, dass eine Domain der Höhe nach nicht variieren könne und ihr Bestehen bereits durch die öffentlich zugängliche sog. „Whois-Abfrage" zu klären sei,[420] welche Auskunft über die Inhaberschaft einer Domain gebe.[421] Schließlich könne der Vollstreckungsgläubiger durch die Einbeziehung der Vergabestelle allenfalls eine technische Sicherung der gepfändeten Internet-Domain gegen deren Übertragung auf einen Dritten erreichen.[422] Dies habe jedoch keine große Bedeutung, da dieses Vorgehen lediglich eine freiwillige Maßnahme der Vergabestelle darstelle und eine solche Übertragung durch den Vollstreckungsschuldner ohnehin dem Vollstreckungsgläubiger gegenüber (relativ) unwirksam sei.[423]

---

[415] *AG Frankfurt/Main*, Beschluss vom 24.05.2000 – 7 H M 71798/00 –, unveröffentl. Entscheidung; *Viefhues*, MMR 2000, S. 286, 289; *Lwowski/Dahm*, WM 2001, S. 1135, 1142; *Welzel*, MMR 2001, S. 131, 136 f.

[416] *Welzel*, MMR 2001, S. 131, 136.

[417] *Schuschke* in *Schuschke/Walker*, § 829 Rn. 48.

[418] Vgl. *Stöber*, Rn. 565 f.; *ders.* in *Zöller*, § 829 Rn. 19.

[419] *Lwowski/Dahm*, WM 2001, S. 1135, 1142; *Welzel*, MMR 2001, S. 131, 136.

[420] Siehe bzgl. bei der DENIC eG registrierter „de-Domains" http://www.denic.de/de/whois/index.jsp (01.10.2004).

[421] *Viefhues*, MMR 2000, S. 286, 289; *Lwowski/Dahm*, WM 2001, S. 1135, 1142; *Welzel*, MMR 2001, S. 131, 136 f.

[422] Bzgl. technischer Einzelheiten siehe *Viefhues*, MMR 2000, S. 286, 289.

[423] *Welzel*, MMR 2001, S. 131, 137.

Entgegen dieser Ausführungen ist die Vergabestelle jedoch gleichwohl als Drittschuldnerin anzusehen und mithin in die Pfändung einer bei ihr registrierten Domain einzubeziehen.[424] Zwar ist es für Ausschließlichkeitsrechte wie bspw. Patente, welche erst durch Anmeldung oder Eintragung bei einer dritten Stelle wirksam werden, anerkannt, dass diese Anmeldestelle keine Drittschuldnerin darstellt.[425] Jedoch ist die Rechtslage bei einem Domain-Namen hiermit nicht vergleichbar. Denn weder kann in ihm neben seiner Eigenschaft als Internetadresse auch immer ein Ausschließlichkeitsrecht gesehen werden noch beruht seine Registrierung auf einer gesetzlichen Anordnung, wie es etwa bei Patenten der Fall ist.[426] Des Weiteren setzt jede Art der Verwertung einer gepfändeten Internet-Domain ihre Umkonnektierung innerhalb des Primary Nameservers[427] durch die betreffende Vergabestelle voraus.[428] Diesbezüglich kann es dem Vollstreckungsgläubiger nicht zugemutet werden, allein darauf vertrauen zu müssen, dass der Vollstreckungsschuldner selbst die Vergabestelle hierzu veranlasst und somit an der Übertragung seiner eigenen Domain mitwirkt.[429] Darüber hinaus ist es entgegen anderweitiger Behauptungen nicht überflüssig oder sinnlos, der Vergabestelle gem. §§ 857 Abs. 1, 829 Abs. 3 ZPO den Pfändungsbeschluss zuzustellen. Denn hierdurch wird sie u.a. davon in Kenntnis gesetzt, dass sie den gepfändeten Domain-Namen nicht mehr durch Vertrag mit seinem Inhaber aufheben darf.[430] Ferner ist die Pflicht zur Abgabe einer Drittschuldnererklärung nach §§ 857 Abs. 1, 840 ZPO durchaus zweckmäßig, etwa um festzustellen, ob die Domain bereits anderweitig gepfändet wurde oder ob für sie ein Dispute-Eintrag besteht. Dass diese Informationen ggf. auch anderweitig ermittelt werden können, steht der Zweckmäßigkeit der mit einem möglichen Schadensersatz

---

424 *LG Düsseldorf*, Beschluss vom 16.03.2001 – 25 T 59/01 –, CR 2001, S. 468 f. mit Anm. *Hartmann/Kloos* = http://www.flick-sass.de/domainpfand02.html (01.10.2004); *Schneider*, ZAP 1999, Fach 14, S. 355, 356; *Hanloser*, Rpfleger 2000, S. 525, 527; *ders.*, CR 2000, S. 703, 704; *ders.*, CR 2001, S. 344, 345; *ders.*, CR 2001, S. 456, 458; *Plaß*, WRP 2000, S. 1077, 1084; *Schmittmann*, JurBüro 2000, S. 213, 214; *Berger*, Rpfleger 2002, S. 181, 185; *Herrmann*, S. 108 ff.

425 *Stöber*, Rn. 1719.

426 *Plaß*, WRP 2000, S. 1077, 1084.

427 Siehe S. 17.

428 Siehe S. 119 ff.

429 *Hanloser*, CR 2001, S. 344, 345.

430 *Berger*, Rpfleger 2002, S. 181, 185.

sanktionsbewehrten Auskunftspflicht nicht entgegen.[431] Weiterhin ist es zwar durchaus richtig, dass das Arrestatorium bei einer Domain-Pfändung seinen ursprünglichen Sinn verfehlt[432] und die technische Sicherung der gepfändeten Internet-Domain gegen ihre Übertragung auf einen Dritten auf Freiwilligkeit seitens der Vergabestelle beruht. Nichtsdestotrotz ist eine Leistung der Vergabestelle sowohl zur Umkonnektierung des gepfändeten Domain-Namens als auch zu seiner anschließenden Nutzung durch den Vollstreckungsgläubiger oder einen Dritten und somit insgesamt zur Ausübung des gepfändeten Rechts zwingend erforderlich. Mithin erfüllt die Vergabestelle das entscheidende Kriterium einer Drittschuldnerin und ist demgemäß als eine solche in die Zwangsvollstreckung einer bei ihr registrierten Domain einzubeziehen.[433]

III. Rechtliche Wirkung der Pfändung

Die Pfändung einer Internet-Domain bewirkt zum einen ihre öffentlich-rechtliche Beschlagnahme, die sog. „Verstrickung“,[434] und zum anderen gem. § 804 Abs. 1 ZPO die Entstehung eines Pfändungspfandrechts an ihr für den Vollstreckungsgläubiger. Ersteres hat auf Seiten des Vollstreckungsschuldners, der zumindest zunächst[435] Domain-Inhaber bleibt,[436] das sog. „Inhibitorium“ zur Folge, bei welchem es sich um ein Verfügungsverbot i.S.d. §§ 135 f. BGB handelt.[437] Dieses führt dazu, dass der Schuldner den Domain-Namen weder auf einen Dritten übertragen noch ihn durch Kündigung des Registrierungsvertrages oder unmittelbar durch Löschung aufgeben darf.[438]

Umstritten ist, ob der Vollstreckungsschuldner die Nutzung der Domain unmittelbar nach erfolgter Pfändung aufgeben bzw. die jeweilige Vergabestelle ihm

---

431 *Berger*, Rpfleger 2002, S. 181, 185.
432 Siehe S. 117.
433 *Plaß*, WRP 2000, S. 1077, 1084.
434 *Brehm* in *Stein/Jonas*, 21. Aufl., § 829 IV Rn. 66.
435 Bzgl. eines ggf. später im Wege der Verwertung eintretenden, endgültigen Verlustes der Domain siehe S. 119 ff.
436 *Lwowski/Dahm*, WM 2001, S. 1135, 1142 f.; *Welzel*, MMR 2001, S. 131, 137; *Berger*, Rpfleger 2002, S. 181, 185.
437 *Schuschke* in *Schuschke/Walker*, § 829 Rn. 48; *Stöber* in *Zöller*, § 804 Rn. 1 und § 829 Rn. 16.
438 *Welzel*, MMR 2001, S. 131, 137.

den Gebrauch unmöglich machen muss (sog. „Arrestatorium") oder ob ihm vielmehr bis zu ihrer Verwertung ein Eigennutzungsrecht verbleibt. Zum Teil wird ein solches Leistungsverbot, welches für Geldforderungen in § 829 Abs. 1 S. 1 ZPO geregelt ist, gegenüber der jeweiligen Vergabestelle als Drittschuldnerin befürwortet.[439] Als Grund wird angeführt, in dieser Hinsicht seien Internet-Domains und Geldforderungen gleich zu behandeln und die Nutzungsgestattung stelle die einzige dem Domain-Inhaber von der Vergabestelle entgegengebrachte Leistung dar.[440] Dem ist jedoch mit der überwiegenden Auffassung[441] entgegenzuhalten, dass der Domain-Name zumindest bis zu seiner späteren Verwertung mit allen damit verbundenen Konsequenzen weiterhin zum Vermögen des Vollstreckungsschuldners gehört. Somit kann er neben seiner Verpflichtung zur weiteren Entgeltzahlung an die Vergabestelle die Domain zunächst weiterhin selbst nutzen,[442] was im Übrigen auch der Rechtslage bei der vergleichbaren Pfändung eines Patentes entspricht.[443] Entscheidend ist insbes., dass ein Arrestatorium gegenüber dem Drittschuldner alleine dem Zweck dient, ein Erlöschen des gepfändeten Rechts zu verhindern.[444] Dies macht zwar bspw. bei einer Geldforderung Sinn, welche durch Erfüllung gem. § 362 BGB erlöschen kann, nicht aber bei einer Internet-Domain, deren Existenz allein durch ihre Aufrechterhaltung in keiner Weise gefährdet wird.[445] Im Gegensatz dazu ist es nicht Ziel des Leistungsverbots, den Vollstreckungsschuldner zu behindern oder ihn gar öffentlich anzuprangern, um so Druck auf ihn auszuüben. Ein Leistungsverbot, welches allein auf diese Beweggründe gestützt würde, wäre demnach systemwidrig.[446] Somit besteht bei der Pfändung eines Domain-Namens die

---

439 *Schneider*, ZAP 1999, S. 355, 357; *Schmittmann*, JurBüro 2000, S. 213, 214.
440 *Schneider*, ZAP 1999, S. 355, 357.
441 *Hanloser*, Rpfleger 2000, S. 525, 529; *ders.*, CR 2001, S. 456, 458; *Plaß*, WRP 2000, S. 1077, 1084; *Lwowski/Dahm*, WM 2001, S. 1135, 1142 f.; *Welzel*, MMR 2001, S. 131, 136 f.; *Berger*, Rpfleger 2002, S. 181, 185.
442 *Lwowski/Dahm*, WM 2001, S. 1135, 1142 f.
443 Vgl. *BGH*, Urteil vom 24.03.1994 – X ZR 108/91 –, GRUR 1994, S. 602 ff. – „Rotationsbürstenwerkzeug"; *Stöber*, Rn. 1722.
444 Vgl. *Stöber* in *Zöller*, § 829 Rn. 19.
445 *Lwowski/Dahm*, WM 2001, S. 1135, 1142; *Welzel*, MMR 2001, S. 131, 136; vgl. auch *Hanloser*, Rpfleger 2000, S. 525, 529; *ders.*, CR 2001, S. 456, 458.
446 *Hanloser*, CR 2001, S. 456, 458; *Welzel*, MMR 2001, S. 131, 137; a.A. *Bücking*, MMR 2000, S. 656, 662.

Besonderheit, dass die jeweilige Vergabestelle zwar als Drittschuldnerin an dieser beteiligt ist, ihr gegenüber aber dennoch kein Arrestatorium eintritt.

IV. Zuständigkeit

Sachlich und *örtlich* zuständig für den Erlass eines Pfändungsbeschlusses im Rahmen der Zwangsvollstreckung in eine Internet-Domain ist gem. §§ 857 Abs. 1, 828 Abs. 1 und 2 ZPO regelmäßig entweder das Amtgericht, bei dem der Domain-Inhaber seinen Wohnsitz (§ 13 ZPO) oder, wenn es sich bei ihm um eine juristische Person handelt, seinen Sitz hat (§ 17 Abs. 1 ZPO), oder aber hilfsweise dasjenige, in dessen Bezirk sich der Domain-Name „befindet“ (§ 23 S. 1 ZPO). Bzgl. Letzterem könnte man sowohl an den Bezirk des AG denken, in dem die jeweilige Vergabestelle technisch angesielt ist (bei der DENIC eG bspw. das AG Karlsruhe), als auch an denjenigen, in welchem die Vergabestelle ihren Sitz hat (bei der DENIC eG das AG Frankfurt am Main). Da jedoch nicht die technische Schaltung, sondern vielmehr das Anspruchsbündel des Domain-Inhabers aus dem Registrierungsvertrag von der Pfändung erfasst wird,[447] spricht vieles dafür, im Rahmen des § 23 S. 1 ZPO auf den Sitz der Vergabestelle abzustellen.[448]

---

447 Siehe S. 113.

448 *Viefhues*, MMR 2000, S. 286, 289; *Lwowski/Dahm*, WM 2001, S. 1135, 1142.

F. VERWERTUNG

Abschließend ist noch zu klären, auf welche Art und Weise gepfändete Domain-Namen verwertet werden können, um so die mit der Zwangsvollstreckung bezweckte Befriedigung des Vollstreckungsgläubiger herbeizuführen. Diesbezüglich kommen folgende Möglichkeiten in Betracht:

I. Überweisung zur Einziehung

Zunächst einmal könnte man daran denken, gepfändete Domains durch Überweisung zur Einziehung nach §§ 857 Abs. 1, 835 Abs. 1, 1. Alt. ZPO der Verwertung zuzuführen. Es stellt sich jedoch die Frage, ob die aus dem Bereich der Verwertung von Geldforderungen stammende Vorschrift des § 835 Abs. 1, 1. Alt. ZPO über die Verweisungsnorm des § 857 Abs. 1 ZPO überhaupt bei einem derartigen Vollstreckungsobjekt anwendbar ist. Dies würde voraussetzen, dass eine Überweisung zur Einziehung „nach der Art des zu verwertenden Rechts (überhaupt) möglich ist“[449] bzw. ein probates Mittel zur Gläubigerbefriedigung darstellt.

Da das Wesen der (bloßen) Überweisung zur Einziehung im Falle des primären Anwendungsbereichs des § 835 Abs. 1, 1. Alt. ZPO, d.h. im Rahmen der Zwangsvollstreckung in eine Geldforderung, darin liegt, dass der Vollstreckungsschuldner trotz ihrer Verwertung Inhaber der betreffenden Forderung bleibt,[450] muss man diese Verwertungsart in Bezug auf eine Domain-Pfändung wohl so verstehen, dass der Vollstreckungsgläubiger lediglich vorübergehend die Nutzung der Internet-Domain übernehmen würde, wohingegen der Vollstreckungsschuldner weiterhin ihr Inhaber bliebe.[451] Anders aber als die Einziehung einer gepfändeten Geldforderung führt die temporäre Nutzung einer Internet-Domain nicht unmittelbar dazu, dass der Vollstreckungsgläubiger hinsichtlich seines auf Geldzahlung gerichteten Anspruchs befriedigt wird. Zwar besteht durchaus die Möglichkeit, dass er insbes. bei einer attraktiven Gattungs-Domain durch deren zeitweilige Nutzung mittelbar Gewinne erzielen kann, z.B. durch

---

449 *Stöber* in *Zöller*, § 857 Rn. 13.
450 *Becker* in *Musielak*, § 835 Rn. 7.
451 *Welzel*, MMR 2001, S. 131, 137.

kostenpflichtige Informationsangebote oder die Akquirierung von Werbebannern auf der mit ihr verknüpften Website. Jedoch würde dieser Erlös mehr auf der Qualität des betreffenden Online-Angebots bzw. auf dem unternehmerischen Geschick des Vollstreckungsgläubigers und mithin auf dessen geschäftlichen Anstrengungen beruhen, denn auf dem bloßen Domain-Namen der konnektierten Seite, so dass er nicht als Befriedigung aus der gepfändeten Sache selbst angesehen werden kann.[452] Auch das Abstellen auf einen bloßen Teil des Gewinnes, welcher mit der Website erzielt wird, erscheint kaum möglich, da sich nie genau ermitteln ließe, welchen Anteil die Attraktivität einer Domain an dem kommerziellen Erfolg des betreffenden Internetangebotes hat.[453] Somit stellt die Überweisung zur Einziehung bei einer Domain-Pfändung keine praktikable Möglichkeit dar, den Vollstreckungsgläubiger hinsichtlich seines auf Geldzahlung gerichteten Anspruches zu befriedigen, so dass diese Verwertungsart bei der Zwangsvollstreckung in eine Internet-Domain ausscheidet.[454]

II. Überweisung an Zahlungs Statt

Des Weiteren kommt eine Verwertung des Domain-Namens im Wege der Überweisung an Zahlungs Statt nach §§ 857 Abs. 1, 835 Abs. 1, 2. Alt. ZPO in Betracht.[455] Diese hätte gem. § 835 Abs. 2 ZPO im Gegensatz zu der Überweisung zur Einziehung zur Folge, dass der Vollstreckungsschuldner seine Domain-Inhaberschaft endgültig und dauerhaft an den Vollstreckungsgläubiger verlieren würde,[456] da die Überweisung an Zahlungs Statt wie eine Abtretung des gepfändeten Rechts wirkt, durch die sich die Forderung des Vollstreckungsgläu-

---

452 *Welzel*, MMR 2001, S. 131, 137.

453 *Welzel*, MMR 2001, S. 131, 137.

454 *Schneider*, ZAP 1999, Fach 14, S. 355, 358; *Hanloser*, Rpfleger 2000, S. 525, 529; *ders.*, CR 2001, S. 344, 345; *ders.*, CR 2001, S. 456, 458; *Welzel*, MMR 2001, S. 131, 137 f.; *Stickelbrock* in *Böckenförde*, JurPC Web-Dok. 331/2002, Abs. 5, http://www.jurpc.de/aufsatz/20020331.htm (01.10.2004); *Stöber* in *Zöller*, § 857 Rn. 12c; a.A. *Plaß*, WRP 2000, S. 1077, 1084; *Schmittmann*, JurBüro 2000, S. 213, 214; *Lwowski/Dahm*, WM 2001, S. 1135, 1143; *Berger*, Rpfleger 2002, S. 181, 185 f.; *Herrmann*, S. 145 ff.

455 *AG Krefeld*, Beschluss vom 01.08.2000 – 16 M 621/00 –, unveröffentl. Entscheidung.

456 *Viefhues*, MMR 2000, S. 286, 289; *Welzel*, MMR 2001, S. 131, 138; a.A. *Schneider*, ZAP 1999, Fach 14, S. 355, 358, der davon ausgeht, dass auch bei dieser Verwertungsart lediglich das Nutzungsrecht an der Domain übergeht.

bigers um den Wert dieses Rechts reduziert.[457] Allerdings setzt sie bereits nach dem Wortlaut des § 835 Abs. 1, 2. Alt. ZPO voraus, dass das betreffende Recht einen „Nennwert" besitzt,[458] was in einem ähnlichen Zusammenhang gleichfalls in § 849 ZPO seinen Ausdruck findet. An einem derartigen Nennwert fehlt es jedoch bei einer Domain,[459] wobei ein solcher auch nicht in der ursprünglich entrichteten Registrierungsgebühr gesehen werden kann. Denn zum einen sind über diese hinaus wiederkehrende Geldzahlungen zur Aufrechterhaltung der Internet-Domain zu leisten[460] und zum anderen berücksichtigt diese Gebühr eine eventuell inzwischen eingetretene Wertsteigerung des Domain-Namens nicht, die diesen überhaupt erst als potentielles Objekt der Zwangsvollstreckung interessant macht. Aus diesem Grunde ist eine Verwertung der gepfändeten Domain per Überweisung an Zahlungs Statt nach §§ 857 Abs. 1, 835 Abs. 1, 2. Alt. ZPO nicht möglich.[461]

III. Überweisung an Zahlungs Statt als andere Art der Verwertung

Jedoch könnte man daran denken, eine Überweisung an Zahlungs Statt durch einen „Umweg" über die §§ 857 Abs. 1, 844 Abs. 1 ZPO als eine „andere Art der Verwertung" im Sinne dieser Vorschrift doch noch zu ermöglichen. Zum Teil wird dies vertreten, wobei an die Stelle des bei einer Internet-Domain nicht vorhandenen Nennwertes deren Schätzwert treten soll.[462] Diese Vorgehensweise ist jedoch in mehrfacher Hinsicht bedenklich.

---

457 *Brehm* in *Stein/Jonas*, 21. Aufl., § 835 VIII Rn. 41 f.; *Becker* in *Musielak*, § 835 Rn. 14.

458 *Smid* in Münchener Kommentar zur ZPO, § 857 Rn. 49; *Brehm* in *Stein/ Jonas*, 21. Aufl., § 857 V Rn. 109.

459 *Hanloser*, Rpfleger 2000, S. 525, 529; *ders.*, CR 2001, S. 344, 345; *ders.*, CR 2001, S. 456, 458; *Hartmann/Kloos*, CR 2001, S. 469.

460 *Welzel*, MMR 2001, S. 131, 138.

461 *Schneider*, ZAP 1999, Fach 14, S. 355, 358; *Hanloser*, Rpfleger 2000, S. 525, 529; *ders.*, CR 2001, S. 344, 345; *ders.*, CR 2001, S. 456, 458; *Hartmann/Kloos*, CR 2001, S. 469; *Welzel*, MMR 2001, S. 131, 138; *Stickelbrock* in *Böckenförde*, JurPC Web-Dok. 331/2002, Abs. 5, http://www.jurpc.de/aufsatz/20020331.htm (01.10.2004); *Stöber* in *Zöller*, § 857 Rn. 12c; a.A. *Schmittmann*, JurBüro 2000, S. 213, 214; *Viefhues*, MMR 2000, S. 286, 289; *Lwowski/Dahm*, WM 2001, S. 1135, 1143; *Herrmann*, S. 147 f.

462 *Hartmann/Kloos*, CR 2001, S. 469; *Welzel*, MMR 2001, S. 131, 138; *Herrmann*, S. 148 ff.; in der Sache genauso und lediglich mit anderen Bezeichnungen für diese Verwer-

Zum einen spricht gegen sie bereits der Wortlaut des § 844 Abs. 1 ZPO. Zwar ist die Überweisung zur Einziehung bei einer Domain „mit Schwierigkeiten verbunden“,[463] so dass die Tatbestandsseite dieser Vorschrift durchaus erfüllt ist. Jedoch ermöglicht die Rechtsfolgenseite des § 844 Abs. 1 ZPO „an Stelle der Überweisung eine andere Art der Verwertung“, was es schwierig macht, als eine solch „andere“ Verwertungsart eben jene Überweisung selbst anzusehen, selbst wenn es sich bei ihr um diejenige an Zahlungs Statt handelt. Zum anderen begegnet es generell Bedenken, als eine „andere“ Art der Verwertung i.S.d. § 844 Abs. 1 ZPO eine solche anzuerkennen, die in § 835 Abs. 1, 2. Alt. ZPO ausdrücklich genannt ist. Ferner können diese beiden Bedenken nicht allein dadurch entkräftet werden, dass man der Sache nach eine Überweisung an Zahlungs Statt durchführt und diese lediglich mit einer anderen Bezeichnung versieht,[464] da dies die dargelegten Schwierigkeiten lediglich verdeckt statt sie aufzulösen. Darüber hinaus wird der Umweg über § 844 Abs. 1 ZPO von den Vertretern dieser Auffassung deshalb eingeschlagen, weil eine Internet-Domain keinen Nennwert besitzt und somit ihre Überweisung *an Zahlungs Statt* Probleme aufwirft, wohingegen § 844 Abs. 1 ZPO auf Tatbestandsseite lediglich den Fall erfasst, dass die Überweisung *zur Einziehung* und damit die andere Alt. des § 835 Abs. 1 ZPO mit Schwierigkeiten verbunden ist. Schließlich spricht vollends dagegen, bei einer Domain-Pfändung über § 844 Abs. 1 ZPO eine Überweisung an Zahlungs Statt zu ermöglichen, dass hierdurch die in § 835 Abs. 1, 2. Alt. ZPO ausdrücklich festgelegte Voraussetzung für eine solche Art der Verwertung, nämlich diejenige, dass ein Domain-Name einen Nennwert besitzt, umgangen und somit gänzlich ausgehebelt würde. Mithin scheidet bei einer gepfändeten Domain auch eine Überweisung an Zahlungs Statt als andere Art der Verwertung nach §§ 857 Abs. 1, 844 Abs. 1 ZPO aus.[465]

---

tungsart *Schneider*, ZAP 1999, Fach 14, S. 355, 358 („Einziehung an Zahlungs Statt“); *Plaß*, WRP 2000, S. 1077, 1085 („Zuweisung zum Schätzwert“) und *Berger*, Rpfleger 2002, S. 181, 185 („Überweisung an Erfüllungs Statt“).

463 Siehe S. 119 f.

464 Vgl. *Schneider*, ZAP 1999, Fach 14, S. 355, 358 („Einziehung an Zahlungs Statt“); *Plaß*, WRP 2000, S. 1077, 1085 („Zuweisung zum Schätzwert“) und *Berger*, Rpfleger 2002, S. 181, 185 („Überweisung an Erfüllungs Statt“).

465 *Hanloser*, CR 2001, S. 344, 345.

IV. Versteigerung

Jedoch kommt als andere Art der Verwertung i.S.d. § 844 Abs. 1 ZPO eine Versteigerung der betreffenden Internet-Domain in Betracht. Wie bereits dargelegt, ist die Überweisung zur Einziehung im Rahmen einer Domain-Pfändung „mit Schwierigkeiten verbunden“,[466] so dass der Tatbestand des § 844 Abs. 1 ZPO erfüllt ist.[467] Darüber hinaus bestehen die oben dargestellten Bedenken, welche gegen eine Überweisung an Zahlungs Statt als andere Verwertungsart gem. § 844 Abs. 1 ZPO sprechen,[468] bei einer Versteigerung nicht, die sich stattdessen problemlos unter diesen Rechtsbegriff subsumieren lässt. Somit steht dieser Art der Verwertung nichts entgegen, so dass der Vollstreckungsgläubiger die Möglichkeit hat, durch einen entsprechenden Antrag den gepfändeten Domain-Namen durch eine Versteigerung im Rahmen der §§ 857 Abs. 1, 844 Abs. 1 ZPO seiner Verwertung zuzuführen.[469]

Hinsichtlich der Durchführung der Versteigerung im Einzelnen können hilfsweise die §§ 814, 816 ff. ZPO herangezogen werden, um Anhaltspunkte für die hierbei einzuhaltende Verfahrensweise zu erhalten. Zu beachten ist jedoch, dass diese Vorschriften aus dem Bereich der Zwangsvollstreckung in körperliche Sachen stammen und demnach auf diese ausgerichtet sind, so dass bei der Anordnung einer Versteigerung von Rechten wie Domains nach § 844 Abs. 1 ZPO auf deren Besonderheiten gesondert Rücksicht zu nehmen und das Verfahren entsprechend auszugestalten ist.[470] Die Versteigerung kann sowohl gem. § 814 ZPO

---

466 Siehe S. 119 f.

467 Siehe S. 122.

468 Siehe S. 122.

469 *AG Lindau/Bodensee*, Beschluss vom 21.09.2000 – M 192/00 –, unveröffentl. Entscheidung; *AG Berleburg*, Beschluss vom 16.05.2001 – 6 M 576/00 –, MMR 2002, S. 848; *LG Mönchengladbach*, Beschluss vom 22.09.2004 – 5 T 445/04 –, NJW-aktuell Heft 1-2/2005, S. XIV; *Schneider*, ZAP 1999, Fach 14, S. 355, 358; *Plaß*, WRP 2000, S. 1077, 1084 f.; *Viefhues*, MMR 2000, S. 286, 289; *Lwowski/Dahm*, WM 2001, S. 1135, 1143; *Welzel*, MMR 2001, S. 131, 138; *Berger*, Rpfleger 2002, S. 181, 185; *Kleespies*, GRUR 2002, S. 764, 771; *Stickelbrock* in *Böckenförde*, WRP 2002, S. 742 = JurPC Web-Dok. 331/2002, Abs. 5, http://www.jurpc.de/aufsatz/20020331.htm (01.10.2004); *Stöber* in *Zöller*, § 857 Rn. 12c; *Herrmann*, S. 153 ff.; a.A. *Hanloser*, CR 2001, S. 344, 345.

470 Vgl. *Plaß*, WRP 2000, S. 1077, 1084 f.

durch einen Gerichtsvollzieher[471] als auch nach § 825 Abs. 2 ZPO durch eine andere Person durchgeführt werden.[472] Da jedoch bei dem üblichen Verfahren, wie es die §§ 816 ff. ZPO enthalten, kaum zu erwarten ist, dass ein großer Interessentenkreis von einer bevorstehenden Domain-Versteigerung überhaupt Kenntnis erlangen geschweige denn an dieser aktiv teilnehmen würde, bietet es sich entweder an, dass der Gerichtsvollzieher die Versteigerung im Internet durchführt,[473] oder aber, dass das Gericht direkt gem. § 825 Abs. 2 ZPO einen ohnehin dort auftretenden, anderen Versteigerer wie etwa ein Online-Auktionshaus[474] mit der Versteigerung betraut.[475] Denn innerhalb dieses Mediums ist die Anzahl derer, die potentiell an einem Domain-Namen interessiert sind, naturgemäß überdurchschnittlich hoch, so dass das Internet als „Versteigerungsort" für ein solches Vollstreckungsobjekt sowohl für den Vollstreckungsschuldner als auch für den Vollstreckungsgläubiger äußerst attraktiv ist.

Eine weitere Besonderheit bei der Versteigerung einer Domain ergibt sich daraus, dass diese nicht wie ein sonstiges Objekt einer Zwangsversteigerung unmittelbar durch eine Handlung oder Erklärung des Vollstreckungsorgans auf den Ersteigerer übergehen kann, sondern hierfür vielmehr eine Umregistrierung durch die jeweilige Vergabestelle notwendig ist.[476] Da aber die im Wege der Pfändung eintretende Verstrickung einer Internet-Domain[477] sämtliche Teilansprüche erfasst, aus denen diese besteht,[478] und sich somit gleichfalls auf den Anspruch erstreckt, diese auf einen Dritten übertragen zu können,[479] kann das jeweilige Vollstreckungsorgan die Vergabestelle anweisen, den gepfändeten Domain-Namen auf den Ersteigerer umzuregistrieren und hierdurch mittelbar dessen Übertragung herbeiführen.

---

[471] *AG Berleburg*, Beschluss vom 16.05.2001 – 6 M 576/00 –, MMR 2002, S. 848; *Plaß*, WRP 2000, S. 1077, 1084 f.

[472] *Welzel*, MMR 2001, S. 131, 138.

[473] *AG Berleburg*, Beschluss vom 16.05.2001 – 6 M 576/00 –, MMR 2002, S. 848.

[474] Z.B. eBay, http://www.ebay.de (01.10.2004).

[475] *Welzel*, MMR 2001, S. 131, 138; *Berger*, Rpfleger 2002, S. 181, 185.

[476] *Plaß*, WRP 2000, S. 1077, 1084.

[477] Siehe S. 116.

[478] Siehe S. 93 ff.

[479] *Plaß*, WRP 2000, S. 1077, 1084 f.; vgl. auch § 6 Abs. 2 der DENIC-RB (Stand: 14.10.2003), http://www.denic.de/de/bedingungen.html (01.10.2004).

Hierbei existiert genauso wenig wie bei einer rechtsgeschäftlichen Domain-Übertragung durch den Inhaber selbst[480] ein Zustimmungsvorbehalt seitens der Vergabestelle.[481] Zwar wird dem entgegengehalten, das Vollstreckungsrecht erlaube auf Grund der Vertragsfreiheit keine von der Zustimmung des Drittschuldners unabhängige Vertragsübernahme durch den Vollstreckungsgläubiger oder einen Dritten, da dem Drittschuldner kein neuer Vertragspartner aufgezwungen werden könne.[482] Jedoch liegt eine derartige Verletzung der Vertragsfreiheit des Drittschuldners bei einer Domain-Versteigerung nicht vor. Denn die Vergabestelle selbst ist es, die durch das vertragliche Zugeständnis der grundsätzlich freien Übertragbarkeit einer bei ihr registrierten Domain[483] die Wahlmöglichkeit bzgl. eines künftigen Vertragspartners erheblich einschränkt. Somit verzichtet sie von sich aus auf einen entsprechenden Schutz seitens der Rechtsordnung.

Schließlich ist noch zu beachten, dass zum einen das zuständige Vollstreckungsgericht vor der Versteigerung als andere Art der Verwertung i.S.d. § 844 Abs. 1 ZPO einen Mindestverkaufspreis festlegen muss, wenn der Wert des jeweiligen Pfändungsgegenstandes zweifelhaft oder streitig ist,[484] was bei einer Domain vorliegt.[485] Insoweit kann es sich entweder auf seine eigene Schätzung verlassen oder aber ein diesbezügliches Sachverständigengutachten einholen,[486] wobei als Sachverständige bspw. die Betreiber der inzwischen durchaus zahlreichen Domain-Börsen[487] in Frage kommen, die aller Wahrscheinlichkeit nach einen recht guten Überblick darüber haben dürften, welchen Wert eine be-

---

480 Vgl. § 6 Abs. 2 der DENIC-RB (Stand: 14.10.2003), http://www.denic.de/de/bedingungen.html (01.10.2004); bzgl. der früheren Rechtslage, nach der ein solcher Zustimmungsvorbehalt noch existierte, siehe *Hanloser*, CR 2000, S. 703, 704.

481 Vgl. *Berger*, Rpfleger 2002, S. 181, 183; a.A. *Kleespies*, GRUR 2002, S. 764, 771.

482 *Nörr* in *Nörr/Scheyhing/Pöggeler*, S. 188; *Hanloser*, CR 2001, S. 344, 345; *ders.*, CR 2001, S. 456, 457.

483 Vgl. § 6 Abs. 2 der DENIC-RB (Stand: 14.10.2003), http://www.denic.de/de/bedingungen.html (01.10.2004).

484 *Stöber* in *Zöller*, § 844 Rn. 6.

485 *Viefhues*, MMR 2000, S. 286, 289; *Welzel*, MMR 2001, S. 131, 138.

486 *Stöber* in *Zöller*, § 844 Rn. 6.

487 Z.B. http://www.domain-und-markenboerse.de (01.10.2004), http://www.greatdomains.com (01.10.2004) oder http://www.sedo.de (01.10.2004).

stimmte Internet-Domain innehat.[488] Zum anderen können nach § 816 Abs. 4 ZPO i.V.m. § 1239 Abs. 1 S. 1 BGB sowohl der Vollstreckungsgläubiger als auch der Vollstreckungsschuldner bei der Versteigerung mitbieten, so dass der Gläubiger, wenn er an dem Domain-Namen selbst interessiert sein sollte, hierdurch die Möglichkeit erhält, im Rahmen der Versteigerung selber dessen Inhaber zu werden.

V. Freihändige Veräußerung

Des Weiteren kann der Vollstreckungsgläubiger die Domain dadurch verwerten lassen, dass er beim Vollstreckungsgericht deren freihändige Veräußerung nach § 857 Abs. 1 und 5, § 844 Abs. 1 ZPO beantragt.[489] Genau wie bei der Versteigerung muss das Vollstreckungsgericht auch bei dieser Verwertungsart zuvor einen Mindestverkaufspreis festlegen,[490] wobei diesbezüglich oben getätigte Überlegungen entsprechend heranzuziehen sind.[491]

VI. Ausübung durch einen Dritten

Schließlich hat der Vollstreckungsgläubiger die Möglichkeit, die Ausübung der gepfändeten Internet-Domain durch einen Dritten als andere Art der Verwertung nach §§ 857 Abs. 1, 844 Abs. 1 ZPO beim Vollstreckungsgericht zu beantragen.[492] In diesem Fall, welcher mit der bereits erwähnten Domain-Vermietung

---

488 Bzgl. der Bewertung von Domains siehe auch *Schneider*, ZAP 1999, Fach 14, S. 355, 358 ff. und *Viefhues*, MMR 2000, S. 286, 289 ff.

489 *Schneider*, ZAP 1999, Fach 14, S. 355, 358; *Plaß*, WRP 2000, S. 1077, 1084 f.; *Viefhues*, MMR 2000, S. 286, 289; *Hartmann/Kloos*, CR 2001, S. 469; *Lwowski/Dahm*, WM 2001, S. 1135, 1143; *Welzel*, MMR 2001, S. 131, 138; *Berger*, Rpfleger 2002, S. 181, 185; *Kleespies*, GRUR 2002, S. 764, 771; *Stickelbrock* in *Böckenförde*, WRP 2002, S. 742, 742 = JurPC Web-Dok. 331/2002, Abs. 5, http://www.jurpc.de/aufsatz/20020331.htm (01.10.2004); *Stöber* in *Zöller*, § 857 Rn. 12c; *Herrmann*, S. 150 f.

490 *Viefhues*, MMR 2000, S. 286, 289; *Lwowski/Dahm*, WM 2001, S. 1135, 1143; *Welzel*, MMR 2001, S. 131, 138; *Stöber* in *Zöller*, § 857 Rn. 12c.

491 Siehe S. 125 f.

492 *Schneider*, ZAP 1999, Fach 14, S. 355, 358; *Hanloser*, Rpfleger 2000, S. 525, 529; *ders.*, CR 2001, S. 344, 345; *ders.*, CR 2001, S. 456, 458; *Plaß*, WRP 2000, S. 1077, 1085; *Hartmann/Kloos*, CR 2001, S. 469; *Lwowski/ Dahm*, WM 2001, S. 1135, 1143; *Welzel*,

vergleichbar ist,[493] bleibt der Vollstreckungsschuldner Inhaber der Domain und einem Dritten wird gegen Zahlung entsprechender Gebühren an ihr zeitweise ein Nutzungsrecht eingeräumt, welches solange bestehen bleibt, bis der Vollstreckungsgläubiger aus den Gebühren befriedigt ist.[494] Allerdings ist fraglich, ob sich im Rahmen des Vollstreckungsverfahrens jemand finden ließe, der bereit wäre, für eine bloß temporäre Nutzung eines bestimmten Domain-Namens ein angemessenes Entgelt zu entrichten, was allenfalls bei äußerst attraktiven Gattungs-Domains wie z.B. „http://www.autos.de" vorstellbar wäre. Darüber hinaus ergibt sich bereits aus § 857 Abs. 4 ZPO, dass eine solche Verwertungsart insbes. dann in Betracht kommt, wenn es sich bei dem gepfändeten Recht um ein unveräußerliches Recht handelt, was bei Domains gerade nicht der Fall ist.[495] Somit kommt dieser Art der Verwertung eines gepfändeten Domain-Namens in der Praxis keine große Bedeutung zu.[496]

MMR 2001, S. 131, 139; *Stöber* in *Zöller*, § 857 Rn. 12c; *Hartmann* in *Baumbach/Lauterbach/Albers/Hartmann*, § 857 Rn. 19; *Herrmann*, S. 151 ff.

493 Siehe S. 13.

494 *Lwowski/Dahm*, WM 2001, S. 1135, 1143; *Welzel*, MMR 2001, S. 131, 139.

495 *LG Düsseldorf*, Beschluss vom 16.03.2001 – 25 T 59/01 –, CR 2001, S. 468 f. mit Anm. *Hartmann/Kloos* = http://www.flick-sass.de/domainpfand02.html (01.10.2004).

496 *Schneider*, ZAP 1999, Fach 14, S. 355, 358; *Plaß*, WRP 2000, S. 1077, 1085; *Hartmann/Kloos*, CR 2001, S. 469; *Lwowski/Dahm*, WM 2001, S. 1135, 1143; *Welzel*, MMR 2001, S. 131, 139; a.A. *Hanloser*, Rpfleger 2000, S. 525, 529; *ders.*, CR 2001, S. 344, 345; *ders.*, CR 2001, S. 456, 458.

G. FAZIT

Insgesamt lässt sich als Ergebnis der vorliegenden Arbeit Folgendes festhalten: *Generell* ist eine Zwangsvollstreckung wegen Geldforderungen in Internet-Domains zulässig.[497] Dem steht insbes. nicht das Kennzeichenrecht entgegen, da es sich bei einer Domain ihrer Rechtsnatur nach nicht um ein durch spezifische Vorschriften geschütztes Kennzeichen handelt. Vielmehr stellt sie ein (einfaches) Bündel vertraglicher Ansprüche, genauer gesagt die Summe der dem Domain-Inhaber aus dem Registrierungsvertrag gegen die Vergabestelle zustehenden Teilansprüche dar.[498] Trotz dieser generellen Zulässigkeit kann einer Domain-Pfändung *im Einzelfall* neben § 851 Abs. 1 ZPO,[499] § 803 Abs. 2 ZPO[500] oder § 811 Abs. 1 Nr. 5 ZPO[501] ebenso das Kennzeichenrecht entgegenstehen.[502]

Dies ist dann der Fall, wenn drei Voraussetzungen kumulativ vorliegen. Erstens muss sich die innerhalb der betreffenden Domain als Second-Level-Domain verwandte Bezeichnung an ein (auch losgelöst vom Internet) geschütztes Kennzeichen des Vollstreckungsschuldners anlehnen. Zweitens ist erforderlich, dass dieses Kennzeichen als solches unpfändbar ist. Drittens muss die Anlehnung der als Second-Level-Domain verwandten Bezeichnung an das Kennzeichen derart stark sein, dass sich der von dem Kennzeichen ausgehende Schutz auch auf den Domain-Namen erstreckt. Hiernach ist etwa die Pfändung solcher Domains unzulässig, die sich in hinreichend starker Weise an dem Namen i.S.d. § 12 S. 1 BGB oder an einem Unternehmenskennzeichen gem. § 5 Abs. 2 MarkenG des Vollstreckungsschuldners orientieren.

Eine Zwangsvollstreckung in Internet-Domains, die sich stattdessen an eine Marke nach § 1 Nr. 1, § 3 Abs. 1 MarkenG oder an einen Werktitel gem. § 5 Abs. 3 MarkenG des Schuldners anlehnen, verhindert das Kennzeichenrecht zwar nicht. Jedoch ist seinetwegen eine solche Pfändung wirtschaftlich nur sinnvoll, wenn zusätzlich zu dieser bloßen Anwendungsform in Gestalt der Do-

---

497 Siehe S. 96.
498 Siehe S. 95 f.
499 Siehe S. 105 ff.
500 Siehe S. 107.
501 Siehe S. 108 f.
502 Siehe S. 103 f.

main gleichfalls die Marke oder der Werktitel selbst mitgepfändet wird. Denn andernfalls würde der auf die Zwangsvollstreckung bzw. die spätere Verwertung folgende Gebrauch des Domain-Namens durch den Vollstreckungsgläubiger oder einen Dritten das beim Vollstreckungsschuldner verbliebene Marken- resp. Werktitelrecht verletzen. Dies wiederum hätte zur Folge, dass dem Vollstreckungsschuldner gegen die Verwendung der gepfändeten Internet-Domain kennzeichenrechtliche Unterlassungsansprüche zustehen würden.[503] Somit bestünde die Gefahr, dass die Domain-Pfändung bei einer Geltendmachung dieser Ansprüche wirtschaftlich ins Leere liefe.

Die Durchführung einer Zwangsvollstreckung in Domains richtet sich im Einzelnen neben den allgemeinen Vorschriften nach § 857 Abs. 1 ZPO i.V.m. den §§ 828 ff. ZPO. Hierbei ist insbes. darauf zu achten, dass zum einen den Vollstreckungsgegenstand das gesamte Anspruchsbündel bildet, welches dem Domain-Inhaber aus dem Registrierungsvertrag gegenüber der Vergabestelle zusteht.[504] Zum anderen ist die Vergabestelle als Drittschuldnerin in die Zwangsvollstreckung einzubeziehen,[505] ohne dass für sie jedoch ein Arrestatorium bzw. Leistungsverbot gegenüber dem Domain-Inhaber eintritt.[506] Hinsichtlich der anschließenden Verwertung eines gepfändeten Domain-Namens hat der Vollstreckungsgläubiger die Wahl zwischen einer Versteigerung,[507] einer freihändigen Veräußerung[508] oder einer Ausübung durch einen Dritten[509] als andere Verwertungsarten i.S.d. §§ 857 Abs. 1, 844 Abs. 1 ZPO, wobei jedoch lediglich den beiden Erstgenannten praktische Bedeutung zukommt.

Insgesamt kann somit der Gläubiger bei einer Zwangsvollstreckung wegen Geldforderungen neben den klassischen Vollstreckungsobjekten prinzipiell ebenso auf Domains des Schuldners zugreifen, so dass ihm zur Befriedigung seiner Ansprüche eine breitere Basis von Vermögenswerten zur Verfügung steht. Eine solche Vollstreckung findet auch nicht innerhalb eines „rechtsfreien

---

[503] Siehe S. 27 ff.
[504] Siehe S. 113.
[505] Siehe S. 115 f.
[506] Siehe S. 117 f.
[507] Siehe S. 123 ff.
[508] Siehe S. 126.
[509] Siehe S. 126 f.

Raumes“ statt, als welcher das Internet oftmals noch angesehen wird, sondern kann auf Grundlage der gesetzlichen Verfahrensweisen, welche die deutsche ZPO im Rahmen ihres achten Buches bereitstellt, befriedigend durchgeführt werden. Ob sich die in der aufgeführten Rechtsprechung erkennbare Tendenz fortsetzt, dass Gläubiger verstärkt diesen neuen Vermögenswert auf Seiten des Schuldners zur Kenntnis nehmen und auf ihn im Rahmen der Zwangsvollstreckung zugreifen, hängt insbes. von zwei Faktoren ab. Zum einen ist hierfür entscheidend, welche Entwicklung der Wert von Internet-Domains und damit ihre Attraktivität als Vollstreckungsobjekt zukünftig haben wird, was insbes. davon abhängt, ob der „Marktplatz Internet“ weiter an Bedeutung gewinnt und ob eine große Anzahl neu geschaffener Top-Level-Domains den Wert des einzelnen Domain-Namens reduziert. Zum anderen ist daneben nicht unerheblich, ob sich die Judikatur auf eine einheitliche Rechtsprechung bzgl. der Zwangsvollstreckung wegen Geldforderungen in Internet-Domains verständigen kann, um so einem Gläubiger bei seiner Entscheidung, ob er auf ein derartiges Vollstreckungsobjekt zugreifen soll, hinreichende Rechtssicherheit zu gewährleisten. Ob und inwieweit all dies der Fall sein wird, muss die Zukunft zeigen.

Peter Lang · Europäischer Verlag der Wissenschaften

Susanne Neumann

Rechtliche Probleme im Streit um Internet-Domain-Names

Frankfurt am Main, Berlin, Bern, Bruxelles, New York, Oxford, Wien, 2003.
XL, 148 S.
Europäische Hochschulschriften: Reihe 2, Rechtswissenschaft. Bd. 3775
ISBN 3-631-51614-2 · br. € 39.–*

In dieser Arbeit werden die mit der Registrierung und Verwendung von Domainnamen verbundenen rechtlichen Fragen und Probleme aufgezeigt, diskutiert und neue Lösungsansätze entwickelt. Im Mittelpunkt stehen die Ansprüche, welche dem Kennzeicheninhaber zur Durchsetzung seiner Kennzeichenrechte gegenüber dem Domainname-Inhaber zustehen. Geklärt wird aber auch die Frage, ob gegen die Registrierung von Gattungsbezeichnungen als Internetdomain vorgegangen werden kann, wenn kein eigenes Kennzeichenrecht an diesem Begriff besteht. Besonderer Wert wird auf die Lösung der Frage gelegt, wie die Ansprüche des Kennzeicheninhabers in ihrer Rechtsfolge ausgestaltet sind. Im Rahmen der Behandlung des Namensrechts wird auch auf die Problematik des Namenschutzes für Gemeinden im Internet und die Rechte von Gleichnamigen eingegangen. Auch der Schutz des Domaininhabers wird behandelt. Erörtert werden zudem Ansprüche gegen die Vergabestelle. Letztlich werden Lösungsmöglichkeiten zur Verringerung von Domainstreitigkeiten aufgezeigt.

Aus dem Inhalt: Ansprüche des Kennzeicheninhabers gegen den Domain-Name-Inhaber · Ansprüche gegen die DENIC eG · Ansprüche gegen den Internet-Service-Provider · Schutz des Domain-Name-Inhabers · Lösungsansätze zur Verringerung von Domainstreitigkeiten